DISEÑADO *para* HEREDAR

DESCUBRIENDO A DIOS PADRE

CARLOS A. RODRIGUEZ

Diseñado para Heredar
Publicado por Catch The Fire Books
272 Attwell Drive, Toronto ON M9W 6M3 Canada

Distribuido a nivel mundial por Catch The Fire Distribution. Los ejemplares pueden comprarse al por mayor; para información, por favor escriba a: distribution@catchthefire.com

Catch The Fire® es una marca registrada de Catch The Fire World.

ISBN 978-1-894310-46-8
Copyright © 2014 Carlos Rodríguez

El Equipo: Jo Dunbar, Rachel McDonagh, Marcott Bernarde, Benjamin Jackson, Jon Long, Jonathan Puddle, Steve Long, Diego Pineda.
Diseño de portada: Carlos Rodríguez
Boceto interior: Rachel McDonagh (Catch The Fire)
Traducción al español: Abdel Valenzuela Agosto
Edición de la versión en español: Sonalí Irizarry Mena

Impreso en Canadá
Primera Edición 2014

Cuando quieres conocer el significado de una palabra, buscas en el diccionario. Pero, ¿a dónde vas cuando quieres conocer tu significado?

Es tiempo de conocer quién eres en realidad, a través de un encuentro con Dios el Padre. Él es el que determina tu identidad. Y cuando sabes quién eres, también sabrás hacia dónde te diriges.

CONTENIDO

PREFACIO

Una que otra vez, se publica un libro que literalmente causa una explosión en mi corazón y presiona el botón de reinicio en cada médula de mi ser. Este es uno de esos libros. Lo amo, así como amo a su autor, Carlos Rodríguez, mi mejor amigo, colega e hijo en Jesucristo.

Este libro está infundido con Dios. Está escrito de forma brillante y entretejido con revelación bíblica. Posee una percepción dinámica e historias reales y cautivantes, extraídas directo del corazón de un verdadero gran hijo de Dios. A través de sus páginas, Carlos manifiesta de forma humilde, pero poderosa, su identidad inquebrantable en el Padre, mientras nos invita a entrar en el glorioso estatus de hijo, que puede ser nuestro a través de la fe en Jesucristo, el Hijo de Dios. Este verdadero padre logra todas estas cosas, de tal manera, que estoy convencido de que, así como yo, serás atraído entre lágrimas y risas, a un poderoso encuentro con el mismo Dios de amor. Nunca volverás a ser igual. Este libro es una lectura imprescindible, que te marcará para siempre.

Tú también comenzarás a manifestar las grandezas que caracterizan a los hijos. Vivirás la vida extraordinaria y sobrenatural que sólo Dios puede vivir. Darás tu herencia infinita, de forma apasionada y en generosidad extrema, a un mundo quebrantado, huérfano y deseoso de volver a la casa del Padre.

Duncan Smith
Líder Principal, Catch The Fire Raleigh
Co-fundador de Catch The Fire World
Autor de *Consumed by Love*

A MIS PADRES

Carlos Alberto Rodríguez Ortiz (Papi), quien dio su vida por nosotros cada día y es mi más grande ejemplo a seguir. Te amo mi viejo.

John Arnott, quien me tomó como su practicante a los 19, me ordenó al ministerio a los 23 y todavía hace espacio para mí, a los 32 años. Gracias, amigo.

Duncan Smith, quien continua retándome, creyendo en mí y compartiendo sus victorias conmigo. Te imito, como tú imitas a Cristo.

Abba, quien me escogió antes de que yo lo escogiera a Él, me confió la vida de mi esposa e hijos, y nunca deja de sorprenderme con su bondad. Tu rodilla siempre será mi casa. Te amo.

INTRODUCCIÓN

Le debo una explicación a mi esposa. Y le debo una explicación a todas las esposas, hermanas, madres, hijas y mujeres que leen estas líneas hoy. Este libro es sobre nuestro estatus como hijos. El término hijo, por lo general, implica: esposo, hermano, padre, niño o varón.

Sin embargo, de acuerdo con las Escrituras, «todos los que han sido bautizados en Cristo se han revestido de Cristo. Ya no hay judío ni griego, esclavo ni libre, hombre ni mujer, sino que todos ustedes son uno sólo en Cristo Jesús».[1]

Mi deseo es invitar a todos a caminar en los beneficios que implica conocer nuestro estatus de hijo. De manera que podamos conocer y aceptar el gozo de ser el hijo favorito de Dios. Damas, ustedes son hijos de Dios, así como nosotros los caballeros, por toda la eternidad, seremos la esposa de Cristo.

Jack Frost, gracias por dar tu vida para compartir este mensaje. Te veremos en las bodas, vestido de blanco.

CAPÍTULO UNO

UN PADRE
PARA TODOS

Lo que viene a nuestra mente cuando pensamos en Dios es la cosa
más importante acerca de nosotros. — AW TOZER

Todavía puedo sentir la esperanza que corrió por mi cuerpo aquella mañana en la primavera del año 2007. Fui invitado a predicar a una de las escuelas más grandes en Puerto Rico; un salón repleto de los estudiantes más indisciplinados que pudieron reunir. La audiencia estaba compuesta por adolescentes embarazadas, jóvenes adictos y expertos en suspensiones. Todos obligados a escuchar mi sermón de 30 minutos.

«¡Por fin, una oportunidad para probar si este mensaje que predico todo el tiempo funciona fuera de las paredes de la iglesia!». Al menos, esa fue la idea que me impulsó a aceptar la invitación. Y luego, para alcanzar mi expectativas religiosas, sentí la necesidad irracional de ser extra espiritual:

¿Aumentar el uso de mis dones espirituales? *Listo* ✔

¿Añadir unos versos extra a mi lectura bíblica? *Listo* ✔

¿Utilizar detalles en todas mis oraciones? *Listo* ✔

¿Extender mis tiempos de oración? *Listo* ✔

¿Pecar lo menos posible? … *Casi listo* ✔

Llegó el viernes acordado y recuerdo que caminé por los pasillos de aquella escuela con una oración-guerrera-intercesora-angelical en mi boca y la lista de batallas ganadas en mi bolsillo. Cuando atravesé la puerta, me fijé que había varios maestros de pie y en silencio en una de las esquinas de aquel salón. Me observaron de pasada y luego se miraron entre ellos con ojos llenos de escepticismo.

Sólo me tomó pocos segundos entender por qué. El salón estaba repleto con 80 ruidosas almas sin algún tipo de interés. Algunos cargaban con cadenas alrededor del cuello con las que podría haber pagado mi hipoteca. Había parejas jóvenes que manifestaban su amor con actos extravagantes de cariño. Y el resto parecía estar molesto con el mundo y conmigo.

Mi confianza disminuyó con cada paso que di entre aquella multitud de estudiantes. La escena me recordó mis años de escuela superior, donde tuve que soportar a los chicos populares, los abusadores y uno que otro rechazo amoroso. En un instante, toda la unción ganada por esfuerzo propio me abandonó. Se me olvidaron los chistes de apertura y los versículos bíblicos de los que planificaba predicar. Un sudor frío sobrecogió mi cuerpo y no encontré forma de ocultar los nervios o lo perdido que lucía.

De pronto, como un fuego cálido en una noche fría de invierno, un pensamiento destelló en mi mente. La imagen de mi pastora canadiense, Carol Arnott, cuando al dar un paso hacia atrás, se encontraba con el abrazo del Padre. Durante mi internado para los Arnott, en la iglesia Catch The Fire en Toronto, Canadá, escuché a Carol cuando explicó: «Cada vez que me siento atemorizada o insegura al frente de la gente, todo lo que tengo que hacer es recordar la presencia de Dios. Luego, doy un paso hacia atrás hacia los brazos de mi Padre y recibo un abrazo de aquel que siempre está parado detrás de mí».

Habían transcurrido cuatro años desde que salí de la iglesia en Toronto, pero en ese momento de gran conmoción, mientras los maestros trataban de controlar al los estudiantes, le di la espalda a la multitud, miré a la pizarra blanca en frente del salón y cerré mis ojos. Con piernas temblorosas, di un paso hacia atrás, hacia el abrazo del Padre y en un instante, sentí su compañía. Entonces, escuché su voz como un susurro. Y dijo: «Carlos, ellos no necesitan un sermón preparado, necesitan una vida preparada, y tú, mi hijo, estás preparado».

Sin analizar las palabras, creí con todo mi corazón, respiré profundo y todo cambió. Mientras el director terminaba de presentarme, me volteé para ver a los hijos pródigos que se encontraban a mis espaldas y comencé a compartir la palabra en Lucas 15. De pronto, me acordé de los chistes y el grupo respondió con risas.

¿Hacerlos reír? *Listo* ✔

Me mantuve animado mientras compartía la historia del hijo pródigo.

¿Mantenerlos atentos? *Listo* ✔

Además, me mostré vulnerable mientras me olvidaba de mis esfuerzos religiosos.

¿Recordar su amor incondicional? *Doblemente Listo* ✔

Durante la velada, pude compartir una de las ilustraciones más poderosas en todas las Escrituras. Un hijo que acude a su padre para pedir su herencia, como quien desea la muerte de su progenitor. Su padre no ofrece resistencia y reparte sus bienes entre sus dos hijos. Luego, el hijo se marcha con su fortuna a tierras lejanas, donde gasta todo en placeres temporales, comida y sexo, entre otras cosas. Cuando acabó con todo y apretó el hambre, el chico al que nunca le faltó nada se convirtió en mendigo, dispuesto a comer las sobras de la comida de los cerdos.

Por la reacción de los estudiantes, pude ver que algunos ya habían escuchado la historia. Otros, no parecían tener idea hacia dónde se dirigía la trama. Veinte minutos adentrado en la narración, llamé a un joven que se encontraba sentado en la parte de atrás del salón, y a quien parecía no interesarle nada.

«¿Podrías ayudarme a actuar el punto culminante?», le pregunté. El salón estalló en risas, mientras algunos comentaban sobre su acostumbrada indisposición para participar. Pero, con un poco de insistencia, aceptó mi invitación.

«Seguro, ¿por qué no? ¿Acostarse con cualquiera y gastar el dinero en bebidas y apuestas? Actuar como este tipo es tarea fácil», aseguró el joven. Rápido entró en el personaje; actuó como borracho, pretendió besar a las compañeras que le rodeaban y caminó lentamente hasta la esquina posterior del salón. El joven se convirtió en el actor perfecto, mientras sus compañeros enloquecían de risa.

Entretanto, les leí en voz alta de Lucas 15:17-20:

Por fin recapacitó y se dijo:

—¡Cuantos jornaleros de mi padre tienen comida de sobra, y yo aquí me muero de hambre! Tengo que volver a mi padre y decirle: «Papá, he pecado contra el cielo y contra ti. Ya no merezco que se me llame tu hijo; trátame como si fuera uno de tus jornaleros». Así que emprendió el viaje y se fue a su padre.

Todavía estaba lejos cuando su padre lo vio y se compareció el; salió corriendo a su encuentro, lo abrazó y lo besó.

Me dirigí al punto más lejano del salón e invité a mi actor a repetir las palabras del hijo pródigo. El joven actor aclaró su garganta y comenzó a citar el texto, «Padre, he pecado contra el cielo y ante ti; ya no soy digno de ser llamado hijo tuyo». Con más de la mitad de la clase sentada entre el joven y yo, le pedí que comenzara a caminar cabizbajo hacia donde yo estaba. Mientras lo hizo, di un paso hacia atrás y dije: «Cuando el hijo decidió volver a su padre, así es como el padre reaccionó».

Entonces, sonreí, atravesé el salón de forma violenta y justo en el momento en que choqué con él, comencé a besarlo de camino al suelo. Las risas intensas se transformaron en un silencio profundo mientras grité con todas mis fuerzas: «¡Así es como el Padre reacciona por ti!».

Más de la mitad de los que se encontraban allí, incluido el joven que actuó como hijo pródigo, comenzó a llorar. «¡Papito Dios ama tu regreso a casa! ¡Papito Dios ama tu regreso a casa!», grité, mientras continué besándolo, abrazándolo y conectando con todo los ojos que podía alcanzar con mi mirada.

Al soltar a mi actor lloroso, comencé a orar por otros y estos también comenzaron a caer bajo el poder de la unción. Fui testigo de cómo compañeros de escuela se buscaban para pedirse perdón. Los más fuertes cayeron de rodillas y las más jóvenes levantaron sus manos en muestra de entrega total a Dios.

Mientras tanto, mi amigo Carli, a quien le tocó ministrar a otro grupo de estudiantes más jóvenes, entró al salón, me miró atónito y comenzó a adorar con su guitarra. Los dirigimos en oraciones de perdón, arrepentimiento y bienvenida. Los jóvenes continuaron agolpándose para recibir oración y los incrédulos de la esquina de la habitación, ahora eran creyentes con ojos llenos de lágrimas, que abrazaban y oraban por sus estudiantes.

Durante aquella mañana, Dios manifestó su amor en medio de un glorioso desorden. Fue la reunión de aviamiento más grandiosa que jamás haya presenciado. El Cielo visitó la Tierra y fuimos testigos de la sanidad de muchos corazones. Hijos e hijas conocieron a su verdadero padre. La gracia se hizo evidente y palpable. Mi vida nunca ha vuelto a ser la misma.

En presencia de aquella escena en vivo del evangelio, comencé a entender algo que para Jesús era obvio: El mundo está desesperado por un padre amoroso. Y Cristo, que conoce de forma íntima al Padre Perfecto, vino a compartirlo con todos nosotros.

El mensaje no ha cambiado. No importa dónde hayas estado en la vida o en lo que estés involucrado, el Padre está dispuesto a cambiarlo todo. Él es el Papito que te recibe de nuevo en casa.

El Padre Pródigo

Jesús utilizó Lucas 15 para exponer la condición del alma humana. La primera parábola que utilizó fue acerca de una oveja perdida. El animal sabe que pertenece al rebaño, pero no conoce el camino de vuelta; necesita al buen pastor para que dirija su rescate. Esta historia describe el trabajo de Jesús, quien dejó las 99 atrás para ir en busca de *aquella* que se había perdido.

La segunda condición está ilustrada en la parábola de la moneda perdida. El dueño encontró la propiedad que se le había perdido, aun cuando ella no poseía la capacidad para entender que necesitaba ser rescatada. Esta segunda historia se relaciona con el trabajo del Espíritu Santo y su labor para convencer al pecador de sus faltas. La historia habla sobre la misericordia y la celebración que ocurre cuando una posesión valiosa regresa a su dueño.

La tercera parábola es acerca del hijo pródigo, aquel que conocía al padre, lo abandona y luego regresa. Estas parábolas son la máxima expresión del Nuevo Testamento; Jesús en rescate de las ovejas, el Espíritu convence de pecado y el Padre recibe a sus hijos en casa. El énfasis de cada historia es sobre el amor que se experimenta cuando aquello que se creyó perdido regresa a casa. Es el *manifesto* del Nuevo Pacto: Jesús rescatará a la oveja, el Espíritu redargüirá al pecador y el Padre recibirá a sus hijos.

Estas tres parábolas hablan de un afecto demostrado. Jesús no sólo nos ofreció como información el hecho de que «Dios es Amor». Él nos dio una lección sobre como ese amor se expresa y se manifiesta. En el verso 20, de Lucas 15, se expresa el amor del Padre en verbos: «Y cuando aún estaba lejos, lo *vio* su padre, y fue movido a misericordia, y *corrió*, y se *echó* sobre su cuello, y le *besó*».[1]

Durante el primer siglo, un patriarca nunca corría. Si así lo decidía, tenía que levantar el frente de su túnica para no tropezar. Al así hacerlo, exponía sus piernas, lo que constituía un acto de humillación según la tradición.

Aun así, el padre reaccionó con gran emoción al ver a su hijo y lo salvó del *kezazah,* una ceremonia en donde la comunidad rompía un frasco grande en frente del hijo al que ya consideraban un gentil y, acto seguido, declaraban que ya no pertenecía a su gente. Así que el padre corrió y se humilló a sí mismo para librar a su hijo de la ley, antes de que lo alcanzara la multitud.

La comunidad tuvo que haber perseguido al padre hasta el encuentro. De manera que, se convirtió en testigo del recibimiento. Al ver al padre caer en el cuello de su hijo y besarlo de manera ferviente y repetida, no quedó duda de que la ceremonia *kezazah* no se llevaría a cabo. No se rechazaría a ningún hijo, no importa lo que hubiera hecho en el pasado.

La reacción del padre es lo que conocemos como *redención.* Él expresó su amor e ignoró la oración religiosa de «arrepentimiento». El padre ya tenía suficientes siervos, su deseo siempre fue tener a su hijo de regreso. Así que, no brindó importancia a las palabras que el hijo ensayó durante el camino de vuelta. En sustitución, decidió llamar a sus siervos para que trajeran la mejor vestidura, una reservada sólo para el padre, en las ocasiones más especiales.

Con el calzado que colocó el padre en los pies de su hijo, declaró que caminaba una vez más como dueño de su propiedad. Su talón no sería herido por las piedras, ni el calor quemaría su piel. Desde ese momento en adelante el hijo podría sentir perdón en cada paso.

Luego, así como cuando el Faraón nombró a José gobernante de Egipto y puso en su dedo una sortija que llevaba la firma del Faraón[2], el padre puso su sortija en la mano del hijo. Esta sortija cargaba el sello de la familia y desde ese momento su herencia fue restablecida. A donde quiera que el hijo fuera, podía sellar las facturas de sus deudas y el balance quedaría saldado. Ahora, lucía, caminaba y gobernaba como su padre.

El joven se convirtió en recipiente de una gracia extravagante y, si la historia terminara allí, sus implicaciones ya serían bastante ofensivas, desafiantes y gloriosas. Pero como hombre borracho de gozo, el padre no puso límites a la ocasión. Continuó su despliegue de extravagancia con una fiesta. «Traed el becerro gordo y matadlo, y comamos y hagamos fiesta», clamó este padre, que sabía perdonar de forma prodigiosa.

De hecho, la palabra *pródigo* significa dar en abundancia; gastarlo todo. En esta parábola, Jesús no intentaba definir una cualidad del pecador, sino exponer el carácter del Padre. Dios Padre es el pródigo de esta historia. Su mensaje no es sobre lo que hacemos bien o mal, sino sobre cuán *perfecto* es su amor. Él es atrevidamente extravagante contigo, habiendo dejado todo, para darte en abundancia y de forma espléndida.

Aunque esta parábola se utiliza con frecuencia para invitar a los *apartados* de vuelta a casa, la *conducta del hijo pródigo* refleja con más certeza la condición de nosotros, los que vivimos en casa del padre. Y es que, muchas veces, estamos más interesados por la herencia que por la relación. Queremos unción para el ministerio, revelación para preparar nuestros sermones o ideas para hacer dinero. Luego nos vamos a las tierras lejanas de la ambición, nos gastamos todo lo que recibimos en nuestros anhelos y cuando el hambre aprieta, nos arrepentimos. Entonces, regresamos con la intención de devolver lo que tomamos, dispuestos a trabajar como siervos. Pero, Dios está interesado en nuestra cercanía, no en la cantidad de arrepentimiento religioso o la calidad de nuestro esfuerzo y servicio.

De hecho, la parábola concluye con otro encuentro; uno muy familiar para la iglesia moderna. El hijo mayor, quien trabajaba en los campos al momento del regreso, reclama al padre por su despilfarro y, en un arranque de celos, expone a gritos los pecados de su hermano.

Como hombre consumido por el trabajo, no pudo ver con buenos ojos la celebración irracional de su padre. Pare él, se envió un mensaje erróneo. Lucía como si el padre aprobara la rebelión de su hermano. Lo correcto hubiera sido corregirlo y, en cambio, reconocer el valor de *su* servicio y fidelidad.

En cambio, la reacción del padre revela el amor de Dios para todos sus hijos, tanto aquellos que se alejan en rebelión, como para los que permanecen en casa. El padre dijo: «Tú siempre estás conmigo y todo lo que tengo es tuyo». Esas palabras del Padre están vigentes para cada uno de nosotros. Él es el único Padre capaz de definirnos de forma correcta y al que todos queremos pertenecer.

Todo lo que tienes que hacer es decir *sí*. Quizá seas la oveja perdida que no encuentra el camino de vuelta a casa, la moneda que no tiene idea de que está perdida o, como el hijo menor, estás perdido y sabes a dónde perteneces. El Padre pródigo quiere que vuelvas para correr a tu encuentro. Este es el sermón que Jesús predicó; la vida que manifestó y la historia que salvará al mundo.

La misión del Hijo

El hijo de Dios se convirtió en el hijo del hombre, para que los hijos de los hombres pudieran convertirse en hijos de Dios.
— EL EVANGELIO EN PALABRAS DE SAN IRENEO

Duncan Smith, vice presidente del ministerio Catch The Fire World y uno de mis padres espirituales, adoptó esta frase de San Iraneus como parte de su mensaje de vida. La idea es que Jesús dejó todo lo que lo hacía Dios, adoptó la forma de hombre y vino a la Tierra para ser el siervo de todos. Lo que nunca cambió en esta historia épica fue su identidad como hijo. La misión primordial de Jesús fue revelar al Padre que conoció desde la eternidad. Él no vino a «liberarse» de la autoridad de su Padre, más bien vino a establecer su autoridad por medio de una vida sometida en obediencia y amor.

Los israelitas conocieron a Dios a través de una serie de nombres descriptivos, como el Creador, YAWEH, Dios de los Ejércitos y el Gran Yo Soy, entre muchos otros. Cada nombre revela parte de la identidad de Dios, una expresión de las muchas maneras en que Él se relacionó con su gente hasta la llegada de Jesús.

Sin embargo, el nombre de Dios en el Nuevo Testamento es Papá, el nombre más santo que jamás podamos escuchar. Jesús, el Hijo, vino a enseñarnos como llamarle por este nuevo nombre, *Abba*. No uno nuevo porque de pronto Dios se convirtió en Papá *Abba*. Nuevo, como cuando miras a una vieja amistad bajo una perspectiva diferente y quizá, hasta te enamoras. Tanto así lo creyó Jesús, que cuando sus discípulos desearon aprender a orar les compartió la conocida oración del «Padre Nuestro», un término que hasta ese momento sólo le pertenecía a él.

Papá era un término que Jesús siempre utilizó para referirse a Dios. La única ocasión en la que el Hijo se refirió al Padre de manera distinta fue en el momento de su crucifixión, al citar la porción de las Escrituras en Salmos 22, «Dios mío, Dios mío, ¿por qué me has abandonado?». Pero, es gracias a este momento breve de separación entre el Padre y el Hijo, durante el que Jesús cargó todo el pecado de la humanidad, que hoy podemos estar conectados de manera eterna con La Trinidad. Jesús murió porque tenía un Padre muy extraordinario como para no compartirlo y la cruz fue el único vehículo que pudo proveer esa reunión.

Debido a su muerte, ahora todos somos capaces de responder al padre que corre de manera desesperada, nos besa, abraza, ignora la religión y nos cubre con sus mejores vestidos. La fiesta en el cielo fue preparada para cuando decidas regresar a casa. Según Efesios 1:4-5, tu pertenencia siempre fue parte del plan eterno. «Dios nos escogió en Él antes de la creación del mundo, para que seamos santos y sin mancha delante de Él. **En amor nos predestinó para ser adoptados como hijos suyos** por medio de Jesucristo, según el buen propósito de su voluntad».[3]

Ahora, léelo de atrás hacia delante y, como ocurre con muchos versículos de la Biblia, te ayudará a entender mejor:

> Es la voluntad de Dios y Él encuentra placer en esto. En Cristo Jesús se alcanzó este fin, porque Él te ama, Tú eres santo ante sus ojos. Ya que, desde el principio te escogió en adopción como hijo.

Dios es, siempre fue y siempre será Padre. Esa es la forma en la que decidió identificarse a sí mismo en relación con nosotros y aun con aquel que no cree. El apóstol Pablo compartió esta revelación con los paganos de Atenas, en Hechos 17:28, cuando dijo: «Puesto que en Él vivimos, nos movemos y existimos. Como algunos de sus propios poetas griegos han dicho: "De Él somos descendientes"».[4]

Dios es el principio y el fin para los creyentes y para los no creyentes. Todos fuimos creados por Él y para Él. No hay nada que podamos hacer al respecto. Somos creación divina y su aliento está en nuestros pulmones. Pero Jesús hizo un camino, de manera que pudiéramos elegir si deseábamos o no una relación con el Creador. La elección de Dios fue escoger de antemano que fuésemos hijos por adopción. Nuestra opción gira alrededor de si queremos permanecer como huérfanos en un mundo decadente, o escogemos este regalo gratuito de aceptación.

El padre brinda identidad

Jesús es Dios el Hijo, pero vivió su vida como el Hijo de Dios. Él aceptó su identidad como *«hijo de»* y ser hijo es una cautividad gloriosa. Existe una poderosa libertad para aquellos que deciden vivir bajo la custodia de un padre. Jesús no sólo trabajó en el negocio de su Padre Celestial, el habilitador de la salvación, también cargó la identidad como hijo de su padre[5], el carpintero. El Hijo de Dios se convirtió en hijo de los hombres de forma voluntaria.

Este libro, que tienes en las manos, es una invitación a imitar a Cristo, a desempeñar nuestro papel como hijos de Dios y de los hombres. Jesús aceptó la condición de hijo, aunque ella implicaba que sería el hijo de alguien por siempre. Aun siendo Dios, tendría autoridad sobre Él. Cristo decidió vivir subordinado, no por debilidad, sino porque sabía quién era y cuánto lo amaban.

El hijo que actúa y habla como su padre, vive en unidad perfecta. Es inevitable para un hijo imitar a sus padres. Cuando la identidad de un hijo se convierte en un reflejo del carácter de su padre, sin menospreciar su propio nombre, demuestra su condición de hijo a su máxima expresión, como lo hizo Jesús con Dios. «Ciertamente les aseguro que el hijo no puede hacer nada por su propia cuenta, sino solamente lo que ve que su padre hace, porque cualquier cosa que hace el padre, la hace también el hijo».[6]

De hecho, la palabra *padre* se define como aquel que brinda identidad a sus hijos. No importa cuánto tratemos, nuestros padres siempre tendrán un rol protagónico a la hora de determinar quiénes somos. Para bien o para mal, aún el padre ausente, dio forma a la identidad de sus hijos.

La gente que nos rodea puede interactuar con nuestros padres a través nuestro. Cuando nos conocen, intiman también con nuestros progenitores. Los pueden ver en nuestros gestos, la personalidad dócil o el humor explosivo; en nuestros logros y fracasos; en esa peculiar nariz o en la forma extraña de nuestra cabeza. Tenemos sólo dos opciones: aceptar el vínculo o negarlo por vergüenza.

Muchas veces, el resentimiento que sentimos es producto de un conflicto entre lo que entendemos debería ser un padre y el ejemplo que vivimos en nuestro hogar. Para muchos, un padre ideal es preocupado, amoroso y afirmado; dispuesto a ser un guía, corregir y motivar. Para otros el padre ideal es alguien con presencia constante y voz continua; un proveedor o aquel que no tiene reparos en hacer el ridículo, con tal de pasar un buen momento con sus hijos.

Sin embargo, la realidad es muy distinta. La identidad que nuestros padres terrenales nos proveen siempre llega con desperfectos. Para aquellos que experimentamos abuso, la imagen de la figura paternal despertará sentimientos de odio, miedo o perdida. Estos sentimientos pueden provocar que nos identifiquemos como víctimas. De la misma forma, los que nunca conocieron a su padre sufren sentimientos de abandono y los que no queremos nada que ver con una figura paterna desarrollamos una identidad de huérfanos.

Todos miramos el mundo a través de un cristal distorsionado. El lente por el que observamos está construido por las experiencias vividas en la relación con nuestros padres. La forma en que interpretamos la vida se basa en las palabras que ellos hablaron sobre nosotros. Aun la imagen que tenemos de Dios y la esperanza de ser recibidos en cualquier relación está influenciada por el tipo de aprobación que recibimos de nuestra familia.

Si tus padres biológicos no están en tu corazón como verdaderos padres, estarán en tu corazón en forma de amargura. Tu opción es transformar ese dolor o transmitirlo. Lo puedes convertir en algo hermoso o lo compartirás con tus seres queridos en forma de rencor, rechazo o vergüenza. Podemos aprender muchas cosas sin la necesidad de figuras paternas, pero nuestros corazones siempre van a anhelar que el Padre pródigo nos reciba. Podemos intentar ahogar el deseo de nuestra alma con apariencias de una vida exitosa, pero nunca escaparemos el hecho de que fuimos creados para ser hijos.

Fuimos formados en las entrañas de un Padre que ama a su hijo y que es espíritu, tal como nosotros. En el principio, el Padre, el Hijo y el Espíritu Santo nos crearon al decir, «hagamos al hombre a nuestra imagen, conforme a nuestra semejanza». Nuestro ADN carga el código de *Abba* y todo lo que necesitamos es recibir lo que nos pertenece desde la eternidad.

«Gran parte de mi vida luché por encontrar, conocer y amar a Dios. He trabajado duro para seguir las reglas de la vida espiritual: Orar sin cesar, trabajar para otros, leer las Escrituras y evitar las tentaciones. Muchas veces fallé, pero siempre, aunque estuviera apunto de desmayar, lo he vuelto a intentar. Y durante todo este tiempo, Dios estuvo tratando de encontrarme, conocerme y amarme.» La pregunta no es, «¿cómo hallaré yo al Señor?», sino «¿cómo permitiré que Él me encuentre a mí?» No se trata de cómo hacer que Dios me ame, sino «¿cómo hacemos para permitirnos ser amados por Él?».

El gran teólogo, Henri Nouwen, se hizo las mismas preguntas. Su conclusión no llegó cuando corrigió su teología o cuando fue a la reunión indicada. Él no encontró la respuesta a través de las experiencias de otro hombre. Nouwen, al ver una obra de arte que representaba la historia del hijo, tuvo un encuentro con el Padre, revelado y manifiesto en Lucas 15.

Todo este tiempo, Dios ha tratado de encontrarnos para amarnos. Si nos detenemos por un momento y observamos a Dios Padre por encima de nuestro dolor, rechazo o religión, descubriremos que Él es todo lo que necesitamos. Él quiere redefinir la palabra *padre* en nuestras vidas. Él es hermoso en todos los aspectos, misericordioso al extremo, dulce hasta la médula y disponible para todos. Sin temor, podemos regresar de tierras lejanas y encontrarnos con el Padre pródigo. El único requisito es que creamos en la respuesta a esta simple pregunta:

¿Soy amado de manera perfecta por Dios, el Padre Extravagante?

¡Absolutamente cierto! ❤

CAPÍTULO DOS

EL PRIMOGÉNITO

Cuando Jesús murió en la cruz,
también murió tu pecado; cuando Él se levantó de la muerte,
también se levantó tu esperanza.

—— *NICKY GUMBEL*

Es ridículo pensar que podemos repasar toda la relación de Jesús como hijo en un sólo capítulo. Se trata de la historia más rica, fructífera y sana de todos los tiempos. Antes de la fundación del Universo, antes de que hubiera algún otro concepto, ya existía una familia compuesta por el Padre, el Hijo y el Espíritu Santo.

El fraile y predicador, San Francisco de Asís, describe la relación entre las tres personas de la trinidad de la siguiente manera: «Dios ama al hijo desde la eternidad, Jesús es el hijo que siempre reciprocó ese amor de forma perfecta y el Espíritu Santo es el amor que fluye de forma continua entre ellos».

El Padre da identidad, el Hijo la recibe y el Espíritu Santo da poder.

No existió nunca una mejor conexión; ninguna otra comunidad podría comparase y ninguna otra relación que exista será más fuerte. Antes que Juan llamara a Jesús «La Palabra», su Padre lo llamó «Hijo». Antes que sus discípulos lo llamaran «Maestro», su Padre lo llamó «Hijo». Antes que los fariseos lo llamaran «borracho», su Padre lo llamó «Hijo» y antes que alguno de nosotros pudiera llamarle «Señor, Dios, León, Cordero, Maestro, Salvador, Amante, Pastor, Rey, Cristo o Amigo», su Padre lo llamó «Hijo».

Se estima que existen alrededor de 4.200 religiones en el mundo. A través de la historia, la humanidad ha encontrado miles de revelaciones desviadas y formas de glorificar la justicia propia, entre otras maneras creativas de cómo fallar en el intento. Se trata de la misma búsqueda que provocó la división por idiomas entre los que trabajaron en la construcción de la Torre de Babel. «Construyamos una ciudad con una torre que llegue hasta el cielo. De ese modo nos haremos famosos y evitaremos ser dispersados por toda la tierra».[1] Trabajemos, lleguemos al cielo y encontremos nuestra identidad.

Fue por este tipo de intentos inútiles, que Dios le entregó la ley a Moisés. Jehová probó a los hombres, que ni siquiera sabemos quiénes somos, que nunca podremos trabajar lo suficiente para ganar el cielo. Todos los parámetros complicados que se encuentran en el libro de Levítico nos recuerdan nuestra necesidad de un salvador, un Mesías que nos guíe a una identidad verdadera. La ley probó nuestra necesidad de Dios Hijo para encontrar a Dios Padre.

Jesús no vino a la Tierra a comenzar una religión, sino a mostrarnos el camino hacia el Padre. Su misión no fue establecer un nuevo manual de reglas o dar su vida para que pudiéramos llegar a la iglesia los domingos. El Hijo vivió una vida perfecta para que pudiéramos recibir un amor perfecto, disponible aun antes de la ley. Sólo necesitamos leer los evangelios con la perspectiva correcta y seremos capaces de ver a Jesús actuar como hijo a través de todas sus decisiones. De esta forma, nos expondremos a la profundidad de su relación con el Padre.

Jesús fue amado y promovido, para luego rendir su vida. Esta progresión sobre la travesía del Hijo se encuentra en el libro de Marcos y es una que puedes duplicar con tu vida. Y si así lo logras, de seguro estarás en buena compañía.

Él es amado

Al fin Jesús se encontró rodeado de agua. Sobre Él los cielos se abrieron de emoción. Era el día de su bautismo y mientras Juan permaneció en asombro ante aquel evento santo, el Espíritu descendió sobre Jesús como paloma. Justo cuando salió del agua enjuagado de barro, una voz del cielo se escuchó decir: «Este es mi hijo amado en quién tengo complacencia».[2]

En palabras de Brennan Manning, «¡Qué terremoto en el alma humana de Jesús!».[3] La visión a plena luz del día precedió una impartición del Espíritu Santo y luego la voz del Padre afirmó su corazón. La trinidad quedó expuesta frente a la multitud.

Este día tomó 30 años de preparación. El carpintero estaba apunto de hacer el trabajo del Cristo. Jehová pudo haber dicho muchos argumentos válidos para confirmar y establecer el ministerio de Jesús frente a la multitud. Era la oportunidad perfecta para la gran introducción del Mesías. Pero, para el Padre no hubo nada más importante que decir: «Te amo hijo; estoy muy orgulloso de ti». Todo giró en torno a su identidad.

El bautismo era para el perdón de pecados y Cristo es la única persona que puede decir de forma legítima, «nunca he pecado». Él no tenía razón legal para responder a la invitación de arrepentimiento. El único requisito para que su sacrificio en la cruz fuera válido era permanecer puro, santo y sin culpa. El bautismo afectaría su reputación; Le daría a sus críticos la excusa perfecta para retar su integridad y al parecer, Juan estaba consciente de eso y por tal razón, le confesó: «¡Tu deberías bautizarme a mi!».

Sin embargo, Cristo quiso cumplir con toda justicia (La de Él, la tuya y la mía). En esta inmersión espiritual de amor santo, Jesús, el hombre, salió de las aguas cubierto simbólicamente con nuestros pecados. Su propósito al bautizarse en las aguas del río Jordán, fue sumergirse en nuestra humanidad. Le importó más ser obediente a su Padre que cualquier cosa que pudieran decir los hombres de él.

«Por eso era preciso que en todo se asemejara a sus hermanos.»[4] Jesús debía ser, tal como nosotros, humano en todo aspecto.

Jesús tenía que entrar en el drama de la existencia humana,
porque era parte medular de su misión.
— PAPA BENEDICTO XVI [5]

El episodio del bautismo fue el comienzo del ministerio de Jesús. Para dar inicio a esta importante etapa, Jesús se aseguró de declarar, por medio de sus actos, que sus 33 años no los vivía como Dios, sino como uno de nosotros. Por esta razón, comenzó la transformación del mundo, no con la confirmación de su naturaleza divina, sino la de su humanidad. Dios convirtió nuestro ritual de arrepentimiento en su momento de obediencia. Por consiguiente, el momento de aceptación entre el Padre y el Hijo durante el bautismo, también nos pertenece a nosotros, los que estamos en Él.

Ed Piorek, autor y pastor retirado de *Vineyard Community*, en Laguna *Niguel*, California, le llama a estos versos del libro de Marcos *El Evento Central*. «El cielo se abre. El Espíritu Santo desciende sobre ti como una paloma y una voz del cielo confirma: «Tú eres mi hijo/hija amada en quien tengo complacencia».

No existe un argumento en la Biblia que certifique que los cielos fueron cerrados nuevamente. Como hijo en el Amado, tú también caminas bajo un cielo abierto. No encontrarás un verso en la Biblia sobre el día en que el Espíritu Santo dejó de descender. Más bien, nos convertimos en su casa. Desde Marcos 1:11 hasta Apocalipsis 22:20 no hay teología que sugiera que Dios ya no es Padre. Todavía somos sus amados y está complacido con nosotros. Gracias a que el único Hijo se convirtió en el primogénito de muchos[6], ahora toda su bendición está disponible para *nosotros*.

Jesús caminó en obediencia a Dios Padre, como si nosotros hubiéramos caminado en obediencia. Su vida fue a nuestro crédito y ahora está en nuestra cuenta. Jesús es el único hijo por la eternidad y el primogénito por la resurrección. Gracias a Cristo somos hijos de Dios, adoptados y escogidos. La historia de aceptación con la que comenzó el evangelio de Marcos, y toda la bendición que ella incluye, puede ser tu realidad si así lo crees. Puesto que, «el que se une al Señor se hace uno con él en espíritu».[7]

Él es promovido

Ya en el recuento del capítulo nueve del libro de Marcos, las personas conocen a Jesús como el Hacedor de Milagros, Profeta y Rabí que los alimenta con pescado y palabra fresca. Ha pasado algún tiempo desde su bautismo y en esta etapa, los discípulos ya fueron escogidos, las multitudes fueron sanadas y toda la nación pudo sentir la avalancha de cambios.

Más adelante en el libro de Marcos, el capítulo 2 nos narra cómo Jesús se transfiguró mientras compartía con Pedro, Juan y Tomás. Moisés y Elías aparecieron junto a Él y comenzaron a conversar. Luego, justo en el capítulo siete, ocurrió otro *Evento Central:* «Vino una nube que les hizo sombra, y desde la nube una voz declaró: "Este es mi Hijo amado; a él oíd"».

¡Gloriosos! Jesús pasó, de ver los cielos abiertos en Marcos 1, a estar rodeado por el cielo en el capítulo 9. Y una vez más, la declaración que se escucha del cielo, no es sobre el llamado de Jesús, sino sobre su identidad: «Este es mi Hijo Amado».

Moisés y Elías hablaban con Jesús cuando el Padre ordenó: «¡Escúchenle!». Note que yo no añadí símbolos de exclamación para hacer énfasis. La voz del Padre se escuchó con autoridad cuando invitó a todos los que estaban presentes a escuchar el mensaje de Jesús. En aquel lugar estaba Moisés, representante de la Ley, Elías, representante de los profetas y Jesús quien vino a revelar el Padre. A través de este pasaje, podemos ver al Padre señalar al Hijo con sus ojos llenos de amor y con una sonrisa en los labios decir: «¡Escúchenle!» Memorizaron la ley y fue bueno, pero ahora escuchen lo que tiene la gracia para ti. Escucharon las advertencias de los profetas y también fue bueno, pero ahora es tiempo de escuchar la esperanza.

Presta atención al sonido de la gracia. Escucha su voz cuando perdona a la mujer adúltera y cuando reprende la religión de los fariseos. Escúchalo al declarar sanidad para el leproso y cuando ora a la distancia. Escúchalo mientras predica sobre el reino y comparte todo con sus discípulos. La gracia es un regalo inmerecido; un favor que no ganamos; un perdón agresivo. Dios tomó nuestros pecados y los arrojó a las profundidades del mar; canceló nuestra deuda, la maldición eterna, y nos ofreció el regalo de la vida eterna. Jesús no nos dijo: ¡Oye tú, supéralo! Sino que por amor declaró: «Yo estuve ahí; sé por lo que estás pasando y estoy contigo hasta el final».

«¡Escúchenlo!» es una declaración de parte de Dios sobre la aprobación de las obra de Jesús y la promoción de aquellas que se proponía hacer. En Marcos 1 el Padre habló sin expectativas: «¡Te amo y estoy complacido contigo!» Las palabras antecedieron cualquier milagro o cualquier parábola, porque esa es la naturaleza del Padre. « Él ama, porque ama, no porque *nosotros* lo amamos.

De hecho, en la segunda ocasión la voz del Padre declara: ¡Amo a mi hijo, escúchenlo! El Padre ama a Jesús no por sus milagros, los sermones o su disposición de sufrir en la cruz. Dios ama a Cristo porque es el Hijo. Jesús, como hombre, respondió a ese amor con obediencia, hasta la muerte. Y de esta forma continúa la progresión: el Padre lo amó sin importar sus obras y fue promovido porque obedeció. Un verdadero hijo siempre encuentra la forma de responder.

Él se rinde

En el capítulo 14 de Marcos el Espíritu Santo no se manifestó; el Padre no habló desde las nubes. Esta porción de las Escrituras nos muestra a Jesús en la noche más oscura de su vida. En el monte de Getsemaní, mientras una nube de terror le rodeaba, Jesús le aseguró a sus discípulos que su angustia se sentía como la muerte. Y así, en esta misma voz temblorosa, «Yendo un poco más allá, se postró en tierra y empezó a orar que, de ser posible, no tuviera que pasar por aquella hora. Decía: *"Abba* padre todo es posible para ti. No me hagas beber este trago amargo, pero no sea lo que yo quiero, sino lo que quieres tú"».[8]

Según Timothy Keller[9], en su libro, *El Maestro Obediente*, «la característica más asombrosa de Jesús es que fue honesto acerca de sus sentimientos de forma brutal, pero sometido a la voluntad de Dios de manera absoluta».

Justo allí, en el monte de Getsemaní, Jesús tuvo la oportunidad de fallar. Podía optar por otro camino y no el que el Padre había preparado para Él. Cuando Jesús declaró una voluntad diferente a la del Padre, reveló la medida completa de su humanidad. Tras su manifestación, quedó evidenciado que su habilidad para mantenerse puro, sanar al enfermo o detener la tormenta no se basó en su naturaleza divina, sino en su rendición como hijo y su llenura de espíritu.

El Hijo sólo hizo lo que vio al Padre hacer y dijo lo que le escuchó decir. Pero lo hizo por elección. La obediencia que Jesús demostró no se trató de una conducta pre-programada desde su concepción, fue aprendida a través de experiencias y vivida en fe. A diario, tuvo que escoger hacer la voluntad del Padre y tuvo la opción de decir *no*, pero se determinó a responder siempre con un *sí*.

Aquella noche, Jesús se encontraba frente al *sí* más difícil que cualquier hombre pueda haber enfrentado. Tras conocer su destino, solicitó otra copa, un camino distinto. Se vio en la cruz, golpeado y desnudo, y pidió alguna otra opción; cualquier otra. Fue en ese momento de dolor y decisión que, por primera vez en la historia, Jesús llamó al Señor Dios, *Abba*. Previo a Jesús, nadie consideró utilizar esta palabra para dirigirse a Jehová. Se trataba de un término muy familiar y no lo suficientemente santo. Existe revelación en el Nuevo Testamento sobre los caminos paternales de Dios. ¿Pero, llamarle *Abba*, Papito? Nadie; nunca.

Sin embargo, Jesús, en su noche de mayor vulnerabilidad, clamó al grande y fuerte. Como un infante que no conoce otra forma de resistir, gritó para que Papá acudiera a su rescate. Entonces, «otra vez fue y oró, diciendo las mismas palabras». Jesús tuvo que regresar a *Abba* para declarar su obediencia una vez más. Empapado en sudor y sangre, su alma necesitó la aceptación continua de su rendición.

En su humanidad, Jesús tuvo la oportunidad de ejercitar el regalo del libre albedrio, pero decidió hacer la voluntad del Padre. Jesús puso a un lado sus deseos y opiniones de hombre, aún en el momento más vulnerable de su vida y optó por ser un hijo. Su completa rendición quedó manifiesta en esta oración y se convirtió en la mejor decisión que *nosotros* podamos haber tomado. «Más no se haga mi voluntad, sino la tuya».

De hecho, todos estuvimos en Jesús durante sus momentos de angustia. Tú y yo también gritamos a Papito Dios junto con él e hicimos la elección correcta. «En efecto, si hemos estado *unidos con Él* en su muerte, sin duda también estaremos *unidos con Él* en su resurrección. Sabemos que nuestra vieja naturaleza fue *crucificada con él* para que nuestro cuerpo pecaminoso perdiera su poder, de modo que ya no siguiéramos siendo esclavos del pecado; porque el que muere queda liberado del pecado. Ahora bien, si hemos muerto con Cristo, *confiamos que también viviremos con Él*».[10]

Luego, al proseguir hacia el calvario, nuestro Salvador satisfizo la ira de Dios. Su servicio y obediencia son el mejor ejemplo sobre la actitud de un hijo. Cristo fue escupido por sus líderes, golpeado por sus enemigos y negado por sus amigos. Tuvo la muerte de un pecador, pero se levantó tres días más tarde como nuestro campeón. Y gracias a Él, ahora no somos más huérfanos, sino amados de Dios por la eternidad.

De hecho, el evangelio no se trata de *¿que haría Jesús?*, sino de *¡lo que Él ya hizo!* Es imposible que nosotros podamos vivir la vida que el Padre merece. La demanda de su perfección es una meta inalcanzable. Fue Cristo el que decidió obedecer a Dios y fue Él quien vivió la vida que se requería.

Abba es ahora tu Padre eterno. Jesús es uno contigo, y para siempre. La relación que el Padre y el Hijo disfrutaron desde la eternidad ahora nos pertenece. Fuimos adoptados con todos los derechos de un primogénito. Ya no importa los nombres por los que fuiste conocido por tu padre, madre, maestros o parejas. No eres más un «pecador», «estúpido» o un «idiota». Dios el Padre, por siempre, te llamará «Hijo».

En aquella noche, Jesús se encontraba en su punto de ruptura. Quizá estés viviendo una experiencia similar, un momento en el que parece imposible continuar. Lo que te sobrecoge se siente tan pesado e irreal. Pero, cuando tus pensamientos se tornen erráticos, las emociones estén en su máximo y te sientas fuera de control, recuerda que Jesús estuvo ahí. También tú puedes confiar en el Padre durante los momentos de dolor, decisión y transición. Sólo toma un poco de fe, como la de un niño, para ver lo que te pertenece por la resurrección de Cristo. Cierra tus ojos, mira al cielo y escúchalo una vez más: «Tú, [inserta tu nombre aquí] eres mi hija/hijo amado; estoy muy complacido contigo».

Léelo en voz alta, un par de ocasiones más y deja que se deposite en tu corazón. Reconoce la voz de tu Padre en los cielos mientras vocaliza tu aprobación, aceptación y amor. Aún en el dolor o la confusión, deja que esta verdad sea un pozo en tu corazón que nunca se seque. Entonces, te encontrarás en tu máxima expresión de hijo, mientras dices: «Padre, no sea lo que yo quiero, sino lo que quieres tú».

CAPÍTULO TRES

SITUACIONES CON PAPÁ

Defínase a sí mismo como aquel que es amado por
Dios de manera radical. — BRENNAN MANNING

Tengo malas noticias. De acuerdo con el doctor Daniel Amneus[1], «en comparación con niños de familias tradicionales, donde el padre está como cabeza del hogar y sus progenitores están casados uno con el otro, los niños que viven en cualquier otro ambiente, privados de sus padres biológicos, son:

- Ocho veces más propensos a ir a prisión.
- Cinco veces más propensos a cometer suicidio.
- Veinte veces más propensos a tener problemas de conducta.
- Veinte veces más propensos a convertirse en violadores.

- 32 veces más propensos a huir de casa.
- Diez veces más propensos a abusar de sustancias químicas.
- 33 veces más propensos a ser abusados seriamente.
- 73 veces más propensos a ser abusados de manera fatal.
- En promedio, 44% más altos en su tasa de mortandad.
- En promedio, 72% más bajos en su nivel de calidad de vida.
- Nueve veces más propensos a abandonar la escuela.
- Y sólo una décima parte tiene probabilidad de obtener calificaciones sobresalientes en la escuela».

Si sumamos a las estadísticas, que más de 50% de los matrimonios termina en divorcio, la matemática demuestra que tenemos un serio problema. Y aunque nos veamos tentados a pensar que somos inmunes a esta dolencia, la realidad es que todos estamos marcados, de una u otra forma, por las heridas vinculadas a la relación con nuestros padres. De hecho, gran parte de mis problemas de identidad pueden ligarse a situaciones con mi papá, así como la mayoría de los conflictos internos de mi padre guardan relación con mi abuelo.

El término *herida del padre*, según el Dr. Richard Fitzgibbons, «no es un término clínico oficial, pero numerosos profesionales de salud mental utilizan la expresión para identificar el origen de muchos conflictos emocionales y de la conducta». Estas dificultades pueden ser el resultado de una debilidad repetitiva del padre, como el egoísmo, enojo excesivo, distanciamiento emocional o indiferencia por la fe. Pero, también pueden ser resultado de la falta de una relación de apoyo, fuerte y amorosa de un padre hacia su hijo.

De hecho, un niño que se cría sin su padre crecerá con problemas internos y serias preguntas sobre su identidad. «¿Quién soy? ¿A dónde pertenezco? ¿Qué puedo hacer?». Preguntas para las que la sociedad siempre proveerá una respuesta incorrecta. Y es que todos necesitamos a alguien que se haga responsable de nuestra protección, crianza, provisión y modelaje durante nuestros años de formación. La mayoría de los problemas que enfrentamos como sociedad son la prueba silenciosa de que, para muchos adultos, la vida es una búsqueda constante de la aprobación de una figura paternal.

De la misma forma en que los atletas profesionales reciben la aprobación del público o el artista se vuelve adicto al aplauso de la multitud, todos estamos en lucha por la aceptación de nuestro padre biológico. Algunas de las personas más heridas que he conocido son producto de una mala relación paternal o la ausencia de ella. La lista va desde el "súper macho" que vive con la misión de intimidar al mundo, para demostrarse a sí mismo que es un hombre de verdad, hasta la chica que intenta seducir a todos con su belleza. El vaquero corporativo, el dirigente furioso y el religioso manipulador son sólo síntomas de lo que el doctor Frank Pittman llamó *Hambre por un Padre*[2], en la publicación *Psychology Today*.

La sociedad, en un desesperado intento por encontrar un alivio al dolor provocado por el *Hambre por un Padre*, optó por descartar de una vez la figura paterna. Solución que resultó mucho más sencilla que intentar trabajar con el padre que exige perfección, el padre que nunca estuvo allí, el padre que ejerce control a través de reglas o al que parece no importarle nada.

Sin embargo, el problema consiste en que, descartado o no, la relación que tuvimos con nuestro padre es la guía que utilizamos para relacionarnos con el resto de los hombres. La figura del padre, aún el ausente, nos entregó un profundo mensaje sobre quiénes somos para el resto del mundo. La relación padre e hijo es una fuerza mayor en la formación de nuestra autoestima. Su influencia comienza con nuestros primeros sentimientos y se transforma en pensamientos y comportamientos más sofisticados. Aunque luego estas actitudes continúan hasta nuestra etapa adulta, muy pocas veces logramos reconocer cómo estos sentimientos y conductas están conectados con esa primera figura paterna.[3]

El periodo de frialdad de la adolescencia, se entiende como un periodo natural de rebeldía; un comportamiento esperado. Aun los que tuvimos padres excelentes atravesamos etapas en las que no queríamos saber de ellos. Y es que, no importa cuán bien nuestros padres ejercieron su función, ellos también fueron víctimas, hambrientas de aceptación, tal como nosotros.

Todos vivimos las consecuencias de las heridas de nuestros años de infancia. No existe cueva donde podamos escondernos de estos hechos. Nuestra necesidad sólo la puede satisfacer el padre que Jesús vino a anunciar. Él conoce que aun nuestros padres terrenales corruptos son capaces de ejercer buenas obras, pero estas no son nada en comparación con la bondad, cuidado y provisión del Padre Ideal. «Pues si ustedes, aun siendo malos, saben dar cosas buenas a sus hijos, ¡cuánto más su Padre que está en el cielo dará cosas buenas a los que le pidan!».[4]

Para el Padre no hay dolor tan grade que no pueda ser sanado. Él está dispuesto y es capaz de responder a nuestra herida, hambre e incluso a la herida producto del rechazo de nuestras madres. Pues, la promesa del *Shaddai* (aquel que tiene muchos pechos) es: «Cómo madre que consuela su hijo, así yo los consolaré a ustedes.»[5]

Sólo Dios puede llevarnos al hogar donde no existe el abuso, donde las expectativas son saludables y el amor es incondicional.

Así como aseguró el salmista, «aunque mi padre y mi madre me abandonen, el Señor me recibirá en sus brazos»[6], Él es padre para el que no tiene padre y madre para el que no experimentó el consuelo de una madre. Queda de nuestra parte procurar conocer el amor de Dios, el Padre perfecto. De no hacerlo, continuaremos esperando que alguien más nos haga sentir valorados. Buscaremos algo que provea el alivio que necesitamos. Alguien más nos definirá y esa definición estará terriblemente equivocada.

Búsqueda de significado

Mientras la psicología moderna nos ayuda a dar nombre a los trastornos concernientes a la relación con nuestros padres, las Escrituras están repletas de ejemplos. A pesar de lo desequilibrada que puedan lucir nuestras familias, el trasfondo que proporciona la Biblia, sobre muchos de sus héroes, ofrece el contexto ideal para presenciar el poder redentor de Dios para la relación con nuestros padres. En Génesis nos topamos con la historia de un hombre llamado Jacob, *el estafador*. Bajo engaño, Jacob privó a su hermano Esaú de la herencia del primogénito y la bendición del padre, las dos cosas más valiosas de la vida, en la tradición antigua.

Jacob nació minutos después que su hermano, pero Esaú, por ser el mayor y por su personalidad, se convirtió en el hijo preferido de papá. El hijo menor hizo todo lo que estuvo a su alcance para ganar lo que su hermano obtuvo sin intentarlo. Mientras Isaac, su padre, disfrutaba cazar en compañía del primogénito, Jacob los observaba desde el hogar, con ansias de una relación similar.

Y me pregunto: ¿Acaso debemos tener hijos favoritos? ¿No se supone que comamos todos a la mesa, en familia? Pues, Isaac, el hijo favorito de Abraham, tuvo también un hijo predilecto. Las Escrituras no mencionan nada sobre el amor de Isaac por su hijo Jacob, pero si aseguran que «Isaac quería más a Esaú porque le gustaba comer de lo que el cazaba»[7]. Al perecer, Isaac amaba compartir durante la cena con Esaú, el contexto perfecto para desarrollar una conexión paternal. En cambio, Jacob, cuyo único error fue nacer 30 segundos más tarde que su hermano, vivió como huérfano en casa de su padre.

Mientras Jacob sufrió el trato preferencial hacia su hermano, no tenía idea de que su historia sería el objeto de muchos sermones a través de los siglos. Mucho menos se imaginaba que un día su nombre se convertiría en ícono de Dios sobre la tierra. Pero su madre, Rebeca, conocía el destino de Dios para su hijo. Así que esperó el momento perfecto para convertirlo en el poseedor de la bendición de Isaac y la herencia del primogénito, aunque fuera por medio de engaño.

Cuando se presentó la ocasión perfecta, la primera decepción se materializó sin mucho esfuerzo. Esaú estaba cansado y hambriento, así que Jacob aprovechó para negociar la primogenitura de su hermano por un tazón de guisado. Esaú aceptó el trato y convirtió a Jacob en heredero de la doble porción que le correspondía al hijo mayor. Ahora, sólo faltaba engañar al padre para completar el plan.

De manera que, en la vejez de Isaac, cuando éste había perdido su vista, el día que pretendía dar su bendición a Esaú, Jacob y Rebeca lograron completar la transferencia de la primogenitura. O por lo menos así lo creyeron, ya que más que la posesión de bienes, el anhelo de Jacob era tener el corazón de su padre.

Isaac otorgaría a su primogénito una promesa de riqueza, fertilidad y prosperidad por medio de la imposición de manos. Pero antes, hizo a su hijo Esaú buscar carne fresca para la cena. Mientras Esaú cazaba, Rebeca ayudó a Jacob a preparar un disfraz que le permitiera parecerse a su hermano mayor. Entretanto, preparó la comida que Isaac esperaba recibir de Esaú.

Justo antes de ir a la tienda para engañar a su padre, Jacob sintió miedo. Por un momento, recordó cuánto conocía Isaac a su hermano. Por años observó cómo cazaban y comían juntos. En incontables ocasiones, los escuchó reír y hablar sobre las promesas de Dios. Jacob sabía que si lo atrapaban en su mentira, en vez de la bendición que buscaba, su padre lo maldeciría. Sin embargo, en una mezcla de fe y fraude, el teatro del engaño se completó. Jacob entró a la carpa, actuó su parte y obtuvo la bendición que tanto su padre anhelaba entregar a su primogénito.

Al leer esta historia, a muchos se nos hace difícil identificarnos con el joven Jacob, el engañador. Quizá, consideramos que la forma en que manejó la situación fue algo extrema. Sin embargo, ¿cuántos de nosotros continuamos disfrazados con las esperanza de recibir la bendición de nuestro padre? Pretendemos ser alguien más y nos olvidamos de lo que Dios habló sobre nuestras vidas desde el principio. ¿Cuánto tiempo más negaremos nuestras virtudes? ¿Cuándo aceptaremos nuestro lugar como creación amada de Dios?

Jacob por fin escuchó a su padre pronunciar palabras de honor sobre su vida. Isaac declaró identidad, bendición y lo exaltó como primogénito. Sin embargo, su deseo era que Esaú continuara como su hijo amado. ¿Cómo podría Jacob sentirse acerca de sí mismo después de lo que hizo? Obtuvo la bendición del primogénito, pero eso no cambió su realidad. La intención del corazón de su padre fue bendecir a Esaú, su hijo amado.

Minutos más tarde, cuando se descubrió el engaño, Esaú enfureció, pero no había nada que Isaac pudiera hacer. Así que, para proteger la vida de Jacob, sus padres los enviaron a tierras lejanas. Fue necesario alejarlo del hermano mayor, quien ahora caminaba como el rechazado en la tierra de su padre y se disponía a matar a su hermano para recuperar su identidad.

Jacob terminó en las tierras de su tío Labán, donde se enamoró de Raquel, su prima. Pero, para poderse casar con ella, su tío le exigió que trabajara por siete años como pastor en los campos. Así lo hizo y ganó el derecho a casarse con la chica de sus sueños.

Sin embargo, luego de su fiesta de bodas, Jacob se despertó para descubrir que Labán había intercambiado a sus hijas. Su tío le entregó a su hija mayor, Lea, en vez de Rebeca. De la misma forma en la que él traicionó a Isaac en su ceguera, Labán lo timó en la obscuridad de la noche.

El engañador consumó su matrimonio con la chica equivocada, tomó por esposa a Lea pensando que era Raquel, la deseada de su corazón. Y en esta ocasión, tuvo que enfrentar la ley de la siembra y cosecha, cuando al confrontar a Labán, éste le dijo que en su tierra el *mayor* tenía primacía, así que Lea debía casarse primero.

Con el favor de Dios y tras cumplir con una serie de promesas más, Jacob obtuvo a Raquel como esposa. Pero, luego de muchos años de arduo trabajo y 12 hijos con cuatro diferentes mujeres, Jacob decidió regresar a casa. Su suegro ya no podía darle nada que anhelara su corazón, así que se retiró para enfrentar las consecuencias de su pasado. Su padre Isaac, Rebecca, su madre y su hermano Esaú todavía vivían allí, en tierra de Canaán. Jacob ahora era rico, fructífero y tras varios encuentros con el Dios de su abuelo Abraham, obtuvo la fe necesaria para creer que algo mejor le espera en la tierra de sus padres.

Mientras Jacob se preparaba para a reunirse con su hermano, se quedó sólo y «un hombre luchó con él hasta el amanecer»[8]. En una de las más interesantes historias de la Biblia, Jacob luchó frente a frente con lo que aparentaba ser el Ángel de Jehová. Este ser sobrenatural luchó con él de forma física y cuando se disponía a partir, Jacob le gritó en su desesperación: «No te soltaré hasta que me bendigas».

No sabemos quién inició la pelea, lo que sabemos es que Jacob alcanzó una sorprendente, pero dolorosa victoria. Toda su vida fue una búsqueda constante de la bendición, pero no conoció otra manera de recibirla que no fuera a través de luchas. Él suponía que no la merecía, pero de todas maneras la anhelaba, así como todos nosotros la anhelamos de cualquier manera. El hijo menor de Isaac no conocía otra manera de recibir un regalo. Siempre tuvo que luchar, engañar y hacer trampa. En esta etapa de su vida, todavía deseaba la bendición, afirmación y aceptación. Muy dentro de sí, reconocía que la bendición que obtuvo de su padre biológico no fue voluntaria. De manera que, aún peleaba, buscaba y continuaba siendo Jacob.

La única forma en que Jacob ganaría está pelea sería si aquel *hombre* se lo permitía. Y aunque lo criaron como el débil de la familia, en este encuentro, luchó con el Dios Todopoderoso y venció. Jacob anhelaba la bendición, más que a su propia vida, así que el ángel tuvo que herirlo para que no peleara más. Esta herida se convirtió en una señal de sanidad; el final de una vida de lucha. Jacob obtuvo una nueva forma de caminar, y con ella, una nueva identidad en el Padre. Cada paso que tomó, desde ese momento en adelante, fue una cojeada hacia la aceptación que tanto deseó. El hombre del contoneo al caminar se convirtió en el hombre de la cojera, y un hombre que cojea, es un hombre en el que se puede confiar.

Finalmente, el ángel le preguntó:

— ¿Cómo te llamas?

— Me llamo Jacob — respondió.

Entonces el ángel le dijo:

— Ya no te llamarás Jacob, sino Israel, porque has luchado con Dios y con los hombres, y has vencido.[9]

Jehová conocía las luchas de Jacob, así como conoce *tu* historia, *tus* luchas con Dios y con los hombres. La vida fue injusta y despiadada. Fuiste entrenado para trabajar duro por la bendición de un padre que, por más que lo intentes, no puede darte lo que tu corazón anhela. Cargas con los nombres que te asignó tu pasado. Nombres que no guardan relación alguna con tu futuro. No comprendes a Dios o sus razones para tu existencia, mientras otros te malinterpretan y rechazan tu osadía. Pero, lograste llegar hasta aquí y Dios está listo para darte una nueva identidad.

Jacob el engañador se convirtió en el príncipe, Israel. El hombre al que su decepción ganó favor, pero no la aceptación que anhelaba, se convirtió en representante del pueblo favorecido y escogido por Dios. Dios le mostró a Jacob que su voluntad siempre fue que él fuera bendito. Ni su hermano Esaú o su padre Isaac podían determinar su destino. Jehová lo escogió, no por mérito, sino porque fue su voluntad. El Dios de su abuelo, Abraham, le obsequió el amor de padre, la relación y aprobación que anheló toda su vida.

Así como Jacob, todos tenemos una herida ocasionada por una relación con un padre imperfecto. Y todos estamos hambrientos por el amor de un padre perfecto. Pero, sólo en Betel, cuando nos encontremos a Dios cara a cara, podremos ser sanados y sentirnos satisfechos por el Padre de los Cielos.

Cumplimiento de la palabra

Él hará volver el corazón de los padres hacia los hijos, y el
corazón de los hijos hacia los padres, no sea que yo venga y hiera
la tierra con maldición. — MALAQUÍAS 4:6

Este es el pasaje final del Antiguo Testamento. Su promesa y su advertencia revelan la puerta para la llegada del Mesías y el Nuevo Testamento. Implica que la herida entre hijos y padres es reflejo de la fractura en la relación entre la humanidad y Dios.

De hecho, el poder de salvación de Dios para el mundo se enfoca en restaurar nuestra relación con el Padre. Jesús vino a reconciliar la humanidad con Dios. El conocido autor Gordon Dalbery asegura que, «en ninguna parte del mundo el ímpetu por la reconciliación se sintió más fuerte que en la relación con nuestros padres terrenales. La herida del padre, que muestra el texto extraído de Malaquías, es la diferencia entre lo que Dios te ha dado y lo que Dios el Padre quiere darte. De manera que toda persona lleva la misma carga».[10]

Esta confrontación entre padres e hijos es necesaria para un despertar espiritual individual. El espíritu de los padres debe volverse contra los hijos y el corazón de los hijos debe volverse contra los padres. Esta palabra profética revela un problema del Antiguo Testamento, pero ofrece una solución en Jesús, el Nuevo Testamento.

Desde Génesis hasta Malaquías vemos hombres y mujeres imperfectos que necesitan un padre perfecto. Jacob era el rechazado de Isaac y enviado al exilio. José era el favorito de Jacob, que utilizó de forma errónea su lugar privilegiado y provocó su familia a celos. Sus hermanos, hombres heridos, hambrientos por la atención, optaron por deshacerse de su hermano, el obstáculo entre ellos y el amor de su padre.

Moisés fue el niño abandonado, criado por el enemigo como uno de los suyos. Gedeón fue el hijo escondido por miedo e insatisfecho en la casa de su padre. Rut fue la emigrante desesperada por pertenecer. David no fue reconocido como hijo y además, fue despreciado por sus hermanos antes de la batalla. Ester fue la huérfana, adoptada por su tío y esclava en la tierra de la cautividad.

A través de las Escrituras podemos leer sobre reyes, profetas y personas ordinarias que sufrieron la *Herida del padre* o el *Hambre por un padre*. Una tras otra, las historias nos recuerdan su origen y sus experiencias humanas. Personas como tú y como yo, que sufrieron rechazo en su casa y abuso por parte de sus seres queridos.

Sin embargo, fue en ese lugar de sufrimiento donde Dios se encontró con ellos y tornó su corazón hacia Él. No importa cuál es la circunstancia que define tu pasado, nuestra necesidad de Dios Padre es la misma. Él volverá nuestros corazones el uno hacia el otro y su Espíritu cumplirá la promesa de reconciliación entre nosotros.

La garantía

Después de 400 años de la promesa de Malaquías, una persona fue capaz de vivir sin los efectos de la herida del padre. Jesús de Nazaret vivió en la voluntad de Dios y, de esta manera, satisfizo su *Hambre por un Padre*. Su corazón estuvo vuelto hacia el de sus padres terrenales y toda su identidad provino de su Padre en los Cielos. Jesús fue el que pagó el precio para que nuestros corazones fueran vueltos hacia el Padre de los Cielos y por consiguiente, también hacia nuestros padres terrenales.

Cristo, en su papel de padre espiritual, llamó a doce hombres para ser sus discípulos. Los escogió pese a sus inseguridades, pasado o identidades distorsionadas. Pedro, Santiago, Juan, Judas y el resto de los discípulos tenían sus respectivas debilidades y una necesidad urgente de un toque de sanidad.

Cuando se acercó el momento de su muerte, Cristo pudo percibir las expectativas de abandono y promesas inconclusas que merodeaban en el corazón de sus discípulos. Se encontraban desesperados por permanecer con él, ganar favor en su reino y volverse grandes entre los hombres. Estaban hambrientos de identidad y veían a Jesús como el hombre que les daría títulos, poder y significado.

Sin embargo, el mensaje de Jesús y su método fueron todo lo contrario. El Maestro los invitó a ser siervos el uno del otro y les exhortó a ser como niños. Le importó mucho más los pobres que la opinión de los poderosos. Alardeó sobre su dependencia en Dios, de manera constate. Les mostró un camino diferente hacia el éxito, un camino de sumisión ante el amor del Padre.

Frente al mensaje de Cristo, estos doce hombres maduros sintieron temor por quedar a su propia suerte. Con gran probabilidad, su desconfianza fue el fruto de los mensajes acerca de un Dios molesto, distante y deseoso por juzgar, que por años escucharon de los líderes religiosos de aquel tiempo. Al oír a Jesús mencionar que uno de ellos traicionaría al Hijo del Hombre y que Pedro negaría a su amigo, el Salvador, su confianza se desboronó. Las preguntas se acumularon en la mente de los discípulos y perdieron la capacidad de comprender lo que les deparaba el futuro. Sus experiencias de vida, con padres que nunca estuvieron allí y madres que nunca ofrecieron consuelo, tampoco fueron de gran ayuda. Pero, justo en el momento máximo de su angustia, cuando sus discípulos necesitaron escuchar una voz que les brindara seguridad, Jesús les prometió: «No los voy a dejar huérfanos; volveré a ustedes».[11]

Su promesa esta disponible hoy, *Él vendrá a ti*. El que siempre fue padre y madre se acercará con su fuerza y consuelo. El Gran Yo Soy borrará el miedo y el abandono. Para que entonces, el que ame a Dios, sea amado por el Padre, y el Hijo también le ame y se le manifieste.[12]

Confrontado por nuestra herida Dios se manifestará a nosotros. Estará presente en vista de nuestros *situaciones con papá*, ya sean miedos, dolor, cargas, preguntas o dudas. En ese lugar, se revelará y nos mostrará quiénes somos para Él. Entonces seremos amados y Él demostrará su amor con su presencia manifiesta. La consecuencia inevitable de escuchar sus palabras y tener un encuentro con su bondad es que seremos:

- 10 veces más propensos a ser felices.
- 10 veces más propensos a ser perdonados.
- 100 veces más propensos a disfrutar la vida.
- 10 veces de10, seremos recibidos.
- 100% recibidos en adopción garantizada a su familia.

Así como los ángeles declararon en la noche en que el Mesías nació, «No tengan miedo. Miren que les traigo buenas noticias que serán motivo de mucha alegría para todo el pueblo»[13], estas son las estadísticas del Reino y lo que puedes esperar de tu Jesús; cada día y por siempre.

CAPÍTULO CUATRO

ANTÍDOTO CONTRA LA ORFANDAD

¡Dios te ama tal como eres!
Pero te ama demasiado para dejarte como estás.

— JOHN ARNOTT

Moisés fue el huérfano de la canasta, *Superman* el de la capa y Steve Jobs, el creativo. Aristóteles creció sin sus padres, Mahoma fue abandonado a la edad de seis y Buda se convirtió en huérfano en sus veintes. Ciro el Grande, Simón Bolívar, Babe Ruth, Malcolm X, Nelson Mandela, Edgar Allen Poe, Marilyn Monroe, Joseph Smith y John Lennon son sólo algunos de los nombres que componen la infinita y reveladora lista de huérfanos de renombre.

Resulta digno de admiración cuando una persona a la que le fue negado el derecho básico de ser amado por sus padres se supera por encima de su circunstancia y se destaca. Tanto así que el personaje del huérfano glorificado existe desde la literatura antigua. También, es muy común que aparezca como protagonista de la literatura contemporánea y aún sobresalga entre las biografías de los hombres ilustres de la humanidad. Pero, si bien es cierto que, como sociedad honramos los sacrificios del huérfano, la enorme cantidad de ejemplos en la historia, ya sean reales o ficticios, también revelan que vivimos en un mundo privado de la figura paterna.

Por su parte, Hollywood se ha convertido en un profeta al que preferimos ignorar. Nuestra necesidad de un encuentro con el Padre se hace evidente a través de diferentes películas y programas de televisión. A través de la cinematografía se comparten los secretos más oscuros sobre la contaminación del corazón del hombre y la dureza del alma humana. Y mientras los profesionales del cine empujan los límites de lo que puede mostrarse en la pantalla, recogen el dolor de toda una generación y lo convierten en arte, nos gritan a nosotros, la Iglesia: «¡Necesitamos que el Padre nos rescate!».

Podemos observar este fenómeno en diferentes películas y programas de televisión. Desde la clásica filmación de los años 80, *La Chica de Rosa*, hasta las contemporáneas *Click* y *Up* de Disney. El padre alcohólico y ausente es un personaje recurrente en los guiones de Steven Spielberg. Entre sus películas se destacan: *Encuentros Cercanos del Tercer Tipo, Indiana Jones* y *Hook (El Capitán Garfio)*. Y es que, según pruebas realizadas con grupos focales, desde la revelación «Yo soy tu padre» de Darth Vader, en la película *La Guerra de las Galaxias*, hasta la restauración en la relación de padre e hijo en *Buscando a Nemo*, la herida del padre es el catalítico más poderoso para obtener una respuesta emocional de la audiencia. Hasta puede garantizar lágrimas.

En cuanto a las series, *El Príncipe del Rap Bel-Air*, que protagonizó Will Smith, es un ejemplo de cómo la televisión explota la relación padre e hijo. La premisa del programa giró alrededor de un hijo huérfano, que fue sacado de los peligrosos barrios residenciales públicos en Filadelfia y enviado a vivir en la casa segura de sus tíos en *Bel-Air*.

Fui fanático de este programa durante la década de los 90 y todavía me encanta ver las repeticiones. Sin embargo, el último capítulo de la cuarta temporada, titulado «Papá tiene una nueva excusa», quedó grabado en mi memoria para siempre.

Se trató de uno de los pocos episodios con una construcción emocional, en vez del montaje cómico característico del programa. Durante el mismo, Will se reunió con su padre biológico, Lou, por primera vez en 14 años. El joven aprovechó la oportunidad para pasar tiempo de calidad con él y su padre aprovechó la ocasión para explicar las razones que lo «forzaron» a abandonar a su familia. Will perdonó a su padre y le ofreció una segunda oportunidad.

Sin embargo, desde que Luo abandonó a Will y a su madre, cuando éste apenas era un niño, a su tío Phil le resultó difícil confiar en él. En esta ocasión, percibía que la razón por la que Lou deseaba volver a ver a Will, perseguía un beneficio propio y no el mejor interés del joven. Will tuvo dificultades para aceptar esa perspectiva y la relación entre ambos se deterioró. Tanto así que, en un intento de proteger su nueva relación, Will gritó a su tío: «¿Qué importa lo que tú piensas? ¡Tú NO eres mi Padre!».

En la última escena, Will empacó y tiene todo listo para partir de viaje con Lou, pero este le explica que, debido a un trabajo muy importante, le resulta imposible acomodarlo para la travesía. «Lo siento hijo, te veré pronto», dijo el padre ausente. Will asiente con su cabeza, en vergüenza y contesta con evidente desilusión: «Adiós...Luo».

De ésta manera, Will se percató de que este hombre no era su verdadero padre y lo dejó salir de su vida, una vez más. Tan pronto salió por la puerta, el tío Phil se dirigió a su sobrino y le dijo:

—Will, es normal sentir enojo.

—¿Por qué tendría que estar enojado? —contestó Will —. Digo, por lo menos dijo adiós esta vez. ¿Sabes qué? No tienes que hacer nada tío Phil. No es como si tuviera 5 años de edad. No es que ahora me voy a sentar todas las noches a preguntarle a mamá, ¿cuándo papá va a volver a casa? ¿QUIÉN LO NECESITA? Nunca estuvo ahí para enseñarme cómo jugar baloncesto, pero aprendí, ¿no fue así? ¡Y me volví muy bueno en ello también! Tuve mi primera cita sin él, ¿cierto? ¡Aprendí a conducir el auto, aprendí a afeitarme, aprendí a pelear sin él! Tuve catorce maravillosos cumpleaños sin él! ¡Y nunca me envió una maldita tarjeta! ¡AL INFIERNO CON ÉL! ¡No lo necesité entonces, no lo necesito ahora!

Aún con lo agitado que estaba su sobrino, Phil trató de acercarse, y le dijo:

—¿Will?... ¿Will?

—No, ¿sabes qué tío Phil? —respondió Will— Voy cursar la universidad sin él, voy conseguir un gran trabajo sin él. Me voy casar con una chica hermosa y voy a tener muchos niños. Seré mejor padre de lo que él jamás fue. Y estoy seguro de que no lo necesitaré para eso, ¡PORQUE NO EXISTE UNA MALDITA COSA QUE PUEDA ENSEÑARME SOBRE CÓMO AMAR A MIS HIJOS!

Luego de una pausa prolongada, cuando las emociones y el presente comenzaron a asentarse, Will miró a los ojos de su tío, estalló en llanto y exclamó: «¿Cómo puede ser que no me quiera?». Entonces, por primera vez en toda la serie, Will se envolvió en un abrazo de padre e hijo con su tío.

En esa última escena, podemos notar en la mirada y la voz de Will que no hay mucha actuación. Smith es el producto de una familia rota, con un padre ausente. Pese a las dificultades que pudiera haber ocasionado la falta de un padre en el hogar, Will alcanzó un sinnúmero de logros como actor, músico y filántropo. Sus hijos están involucrados en la actuación y su familia parece ser una de la más solidas en Hollywood.

Sin embargo, el dolor de la escena era real y esa fue la clave para transmitirnos con tanta efectividad la frustración que se siente cuando se vive con el rechazo de una figura paterna. No importa cuánto logremos sin nuestros padres, nuestro corazón siempre anhelará su aprobación.

El espíritu de orfandad

Cuando el deseo de ser aceptado no encuentra un amor incondicional, muchos humanos hacen la decisión inconsciente de vivir como huérfanos. Jack Frost, el campeón de la teología del Corazón del Padre, explica que «el *Espíritu de Orfandad* nos provoca a vivir como si careciéramos de un lugar seguro en el corazón del Padre. Nos hace sentir como si no tuviéramos un lugar de afirmación, protección, comodidad, pertenencia o afecto. El *Espíritu de Orfandad*, orientado en sí mismo, solitario y aislado, no tiene a nadie de quien obtener herencia divina. De manera que, debe esforzarse, alcanzar, competir y ganar todo lo que anhela. Esta conducta le dirige hacia una vida de ansiedad, miedo y frustración».

Por su parte, en su libro *Son's and Daugthers*,[1] el pastor Brady Boyd explica que «el huérfano se concentra sólo en lo que sabe, dónde estuvo, lo que logró, su trabajo actual, todas las reglas que sigue de manera esforzada y el tiempo transcurrido desde su último pecado». Cuando esta mentalidad alcanza el corazón, construimos murallas, desviamos culpas y participamos en chismes. Cuando caminamos como huérfanos nos concentramos en sólo las responsabilidades visibles, pero no examinamos nuestras actitudes o las motivaciones detrás de ellas. Si no logramos deshacernos de este tipo de concepción, siempre nos mediremos de acuerdo a la opinión de los demás y sentiremos el peso del rechazo aun cuando nos ofrezcan aceptación.

De manera que, utilizamos el término *Espíritu de Orfandad* para referirnos a una persona que piensa y actúa como si no tuviera un Padre que lo ame, un Salvador que lo haga justo o un Espíritu Santo que lo acompañe.

El proceso para reconocer del *Espíritu de Orfandad* en mi vida fue una fuente constante de frustración. Me la pasé de enseñanza en enseñanza, de tiempo de ministración, en tiempo de ministración, sólo para descubrir cuán huérfano era en realidad. No podía contener mi deseo de esforzarme y competir. Me consumía el deseo de obtenerlo todo a mi manera y vencer por esfuerzo propio. Anhelaba encontrar una estrategia para identificar mi comportamiento, mi mentalidad de huérfano y exponer la mentira. Así que desarrollé una lista de diez indicadores personales; una lista reveladora que me ayudó a identificar las farsas en la que creía y que aún me ayuda a identificar algunos patrones de comportamiento enfermizos. Ahora puedo identificar el *Espíritu de Orfandad* cuando:

1. Crecen mis sentimientos de envidia tras el éxito de otros.
2. Critico constantemente a mis líderes y a aquellos que ministran o sirven.
3. Comparo mis logros y fracasos con los de los demás.
4. No puedo encontrar tiempo para servir o amar sin reconocimientos.
5. Escondo el pecado o mis errores, y continúo con pretensiones.
6. Me siento incómodo o fuera de lugar entre amigos y familiares.
7. Insisto en algo que no trae paz a los que me rodean.
8. Busco alivio detrás del cariño falso, como las adicciones o compulsiones.
9. Continúo adelante sin importar la dirección de Dios o el consejo de otros.
10. Intento cambiar el comportamiento de las personas con el uso de estrategias personales, con apariencia de espiritualidad.

Reescribir esta lista fue un proceso doloroso, pero sé que te ayudará a identificar y alejar el *Espíritu de Orfandad* de tu vida, hoy.

Lo que el huérfano necesita

En el 2003, conocí a un hombre arruinado por amor. Se trataba de un joven estadounidense, que al escuchar un testimonio en un culto de su iglesia, decidió dejar atrás todo su mundo y responder a la invitación que Dios le extendió.

Los resultados de una investigación que comparaba la salud física de niños institucionalizados, con niños al cuidado de familias adoptivas impulsaron a Ethan a abandonar todo y trasladarse al otro lado del mundo. El estudio sugiere que los «niños que pasan sus primeros dos años en orfanatos obtienen un resultado menor en las pruebas de coeficiente intelectual (IQ, por sus siglas en inglés) y una actividad cerebral atenuada en comparación con los niños adoptados o que nunca fueron institucionalizados».[2]

De hecho, un científico estadounidense, que comparó los estudios de Europa Oriental con datos de la historia antigua de los Estados Unidos, descubrió un peor cuadro para los niños institucionalizados. Hace cien años, una tercera parte de los bebés de los orfanatos en Estados Unidos moría antes de cumplir siete años de edad. Para combatir esta situación, trasladaron a los niños no deseados a lugares donde los métodos antisépticos y una mejor alimentación les ofreciera una probabilidad de vida más alta.

Sin embargo, los bebés continuaron muriendo, no de enfermedades o malnutrición, sino que los vencía una condición conocida como *marasmo*. Los lugares esterilizados no eran capaces de prevenirla. Una mejor alimentación tampoco hizo diferencia. Miles de niños morían debido a la falta de un toque humano.

Cuando un niño cae bajo los límites de contacto físico necesario para estimular la producción de hormonas de crecimiento y el desarrollo de su sistema inmunológico, su cuerpo deja de funcionar. Cuando movieron a los niños de las instituciones limpias, pero impersonales, a lugares donde pudieron recibir afecto físico, se revertió el *marasmo*.

Los bebés que recibieron contacto físico ganaron peso y comenzaron a mejorar su salud física.

La primera vez que nos topamos con Ethan, hacía varios años que vivía en Rusia. Como no era viable adoptar a los miles de niños que vivían en los orfanatos del país, estaba convencido de que un abrazo compasivo todos los días podría ayudarlos, no sólo a sobrevivir, sino a prosperar. Seguro de que la necesidad primaria de un niño es el contacto físico, por meses el joven se levantaba en su frío apartamento en San Petersburgo, para visitar orfanatos. Una vez en las instituciones, se sentaba en una silla y por horas esperaba a que los niños formaran una fila y, uno por uno, se acercaran para recibir su abrazo. Ethan apenas podía hablar el idioma o manejar el choque cultural, pero encontró una forma de ser un padre de sanidad para estos pequeñitos de Dios.

De igual manera, Mateo 19:14 narra la ocasión en que los padres tuvieron la genial idea de traer a los niños cerca de Jesús para que Él pusiera sus manos sobre ellos y orara. Pero tuvo que reprender a sus discípulos cuando estos trataron de alejarlos de Él. Jesús dijo: «Dejad a los niños venir a mí, y no se lo impidáis», y permaneció allí hasta que todos los niños recibieron su bendición. Luego, Jesús utilizó la ocasión para animar a sus seguidores a actuar como niños, cuando dijo: «porque de los tales es el reino de los cielos». Así como Juan se recostó en la mesa y se acercó al pecho de Jesús, sólo los que son similares en actitud, confianza y deseo de proximidad sentirán del Amor mismo.

Todos somos hijos de Dios, y el estilo de vida sobrenatural de su reino nos pertenece. Es tiempo de cambiar nuestra mentalidad, actitud y expectativas de orfandad. Los patrones que nos impiden que nuestro corazón permanezca saludable no se curan con más esfuerzo; requieren un encuentro con Dios Padre. Prepárate para cambiar tu mentalidad, actitud y expectativas de huérfano. Colócate en la línea y deja que Dios Padre retroceda tu *marasmo*. Él está dispuesto a tomarte en sus brazos de amor infalible.

> *Yo seré un padre para ustedes, Y ustedes serán mis hijos*
> *y mis hijas, dice el Señor Todopoderoso.*
> — *2 CORINTIOS 6:18*[3]

Lo que el huérfano quiere

Conocí a Dios Padre durante mi segunda semana en la iglesia *Catch The Fire* Toronto, para entonces conocida como *Toronto Airport Chritian Fellowship*. Ingresé en su escuela de ministerio en el año 2001, luego de abandonar mis estudios en el programa de premédica de la Universidad de Puerto Rico. El plan era llenarme con el fuego del avivamiento, estar más ungido y volverme famoso (para la gloria del Señor, claro está).

Sin embargo, al llegar me percaté de que los líderes estaban más interesados en la condición de mi corazón, que en mi éxito como líder. Fui en busca de poder y gloria, pero el currículo estaba preparado para mi sanidad y sumisión.

Su plan era simple; preparar encuentros con Dios para nosotros. Durante mi segunda semana, la prédica pretendía hacer justamente eso, llevarnos a un encuentro con el Padre. Luego de compartir dos horas con los estudiantes sobre el amor de Dios, los fundadores de la escuela del Amor del Padre, Peter y Heather Jackson nos invitaron a cerrar los ojos e imaginarnos el paraíso. Se supone que El Espíritu Santo tomaría el control y nos mostraría una imagen que hablaría a nuestros corazones, pero yo no lograba ver nada. Como puertorriqueño en invierno canadiense, me sentí fuera de lugar y aturdido.

La música era relajante y Peter utilizó una voz calmada al instruir. Todos parecían estar comprometidos con el ejercicio espiritual —excepto yo. Pero de pronto, mientras cuestionaba el formato y la ministración, pude verme frente a un trono blanco. Observaba los alrededores con los ojos de mi corazón, bajé la cabeza para ver mi cuerpo y vi sólo mi piel. Estaba desnudo en el cielo y una fuerte vergüenza empezó a apoderarse de mí. En menos de un segundo, como una película en cámara rápida, pasó frente a mis ojos cada pecado que cometí en los pasados años. Esto me hizo consciente de lo sucio que había llegado a aquel lugar santo y comencé a suplicar a Dios que me enviara de vuelta. Mientras levantaba mi cabeza, listo para ser destruido, noté un dedo extenderse, que me invitaba a acercarme como una madre amorosa.

No tenía idea de lo que debía hacer. Casi ni podía creer que estas imágenes en mi cabeza constituyeran una experiencia legítima. Mi imaginación estaba acostumbrada a la lujuria, conspiración de venganza y planes para la ejecución de una mentira, no a ver el cielo. Se trataba de una experiencia fuera de lo común e incomoda, así que me pregunté: ¿por qué continuar?

Sin embargo, tuve un pensamiento que saltó mi razón y fue directo al corazón. Tan claro como el sonido de mi voz, escuché las palabras: «Estás perdonado». Fue como la voz del Jesús que me encontró en la cruzada del evangelista Billy Graham en 1995 y la sensación como la del Espíritu Santo que por primera vez me llenó de gozo durante un campamento de jóvenes en 1996.

Entonces, comprendí que el propósito al mostrarme mi pecado no era humillarme, sino revelar la grandeza de su amor; el mismo amor que me invitó a acercarme, aun cuando me encontraba desnudo en el cielo. Habían pasado seis años desde mi conversión y no tenía idea de que el dedo, la gracia y el trono le pertenecían a Dios el Padre.

Cuando comencé a caminar hacia el trono, noté algo en mi espalda. Un manto púrpura y blanco que descansaba sobre mis hombros. El manto lucía como una bata de un rey y me brindaba un sentimiento de aceptación. Ahora me encontraba completamente vestido y en pie. Mi vergüenza se detuvo cuando comencé a caminar más rápido hacia Él. Empecé a emocionarme con la posibilidad de que mi experiencia fuera genuina. Pero cuando traté de aumentar la velocidad, me tropecé con la enorme bata que llevaba puesta. El manto era muy grande para mí; Dios me había cubierto con su vestiduras.

«¿Quién se iba imaginar que podía tropezar en el cielo?» Pero antes de que tuviera la oportunidad de analizar el evento, a través de mi teología sobre *cero caídas en el cielo*, sentí un temblor. El Dios Eterno se puso en pie, puso sus brazos a mi alrededor, me levantó del suelo y me sentó en su muslo. Me sentí bienvenido de una manera inexplicable y en ese momento, supe que había llegado a casa.

En un instante, las emociones que inundaban mi alma comenzaron a manifestarse de forma física, a través de temblores y gemidos. Comencé a llorar en voz alta, con mi ojos cerrados.

¡Tenía tantas cosas que decir, que no pude parar de hablar! Durante mi cita, cara a cara con Dios, me sentí impulsado a pedir unción para sanar enfermos. Le pedí que salvara a mi familia y amigos. Le dije lo mucho que quería estar en el ministerio, ir en cruzadas, plantar iglesias y salvar al mundo.

En el trascurso de mi oración, a velocidad relámpago, el Padre se mantuvo atento, afirmando con su cabeza todo lo que se me ocurría decir. Lucía una sonrisa sincera, con la expresión de un abuelo que escucha los disparates de un infante de dos años. Entonces, me percaté de que estaba frente al Dios Todopoderoso, así que detuve mi petición desesperada en un respiro profundo y puse cara de *estoy listo para escucharte.*

El Padre me miró a los ojos y habló con su dulce voz, «Carlos, no necesito que seas pastor, tampoco que vayas a salvar al perdido o sanar a los enfermos. No necesito que hagas cruzadas o traigas avivamiento. Todo lo que quiero es que seas mi hijo».

Mi Hijo.

Encontré a Dios, el Padre de Jesús y me fue revelado como Dios, el Padre de Carlos. Sus palabras sanaron viejas heridas guardadas en mi interior y por primera vez me convencí… ¡Él me ama! Él me ama, no por lo que hago, sino por quien soy. Y es por quien soy que puedo disfrutar de la herencia como hijo.

Mis gemidos se volvieron abundantes y mi llanto no tuvo límites. Por las próximas dos horas, mientras compartí mis pensamientos de manera intensa, pude ser testigo de lo mucho que a Dios Padre le gusta divertirse. Hablamos sobre estadísticas de las Grandes Ligas, sus platos favoritos (la tailandesa ocupando el primer lugar) y cuánto le encanta cuando practico la percusión. Mientras Jesús acarició mi cabeza y le habló al Padre acerca de mi vida, me mantuve sentado en la rodilla derecha de Dios y absorbí la gloria del momento.

Y por si quedaba alguna duda sobre la autenticidad de mi experiencia, Stephan, el líder del grupo, un pastor de Alemania a quien había conocido hace apenas dos semanas, se sentó a mi lado, me levantó del suelo y me sentó en su regazo. Hizo exactamente lo que el Padre había hecho conmigo. Ese suceso, (que en cualquier otro contexto hubiera sido el escenario perfecto para que me fuera de Toronto perturbado) se convirtió en la mejor confirmación del amor de Dios. Mi cara, empapada en lágrimas, quedó grabada en su camisa, mientras me sostuvo y oró sin cesar, durante una experiencia que parecía eterna. Luego de que él se movió a orar por otros, continué llorando, riendo, temblando y disfrutando de este mover radical de Papito Dios. Todo lo que siempre pensé que conocía sobre el amor se desboronó aquel día y decidí que ningún otro lugar merecía llamarse hogar.

La presencia del Espíritu Santo me rodeó durante semanas. Cada día, corrí de vuelta hacia ese lugar en mi mente y me acerqué como un niño deseoso de pasar tiempo con papá. Mientras más compartía con él, más me percataba de cuanto le importaba. Se preocupó por el dolor que cargaba hacia mi padre terrenal y me guió a perdonar desde el corazón. Conocía mis situaciones con mi mamá y mis hermanas y me mostró como Él las amaba. Le importó mi pasión por mi llamado, así que me enseñó cómo rendirme.

Ahora me pregunto, si existen cosas buenas preparadas para aquellos que le aman, ¿cómo es que tenemos tanto miedo de creer como niños? ¿Por qué no creemos que Dios está dispuesto y es capaz de manifestarse de forma personal? La Biblia dice que, «ningún ojo ha visto, ningún oído ha escuchado, ninguna mente humana ha concebido lo que Dios ha preparado para quienes lo aman. Ahora bien, Dios nos ha revelado esto por medio de su Espíritu».[4] Aquello que no nos parece familiar no necesariamente significa que no es bíblico. La única forma apropiada de conocer un árbol es por su fruto, no por su apariencia.

Abba Padre quiere manifestarse en tu vida. Él quiere hablarte. Él es el mismo Dios que se le reveló a Adán y Eva cuando el día comenzaba a refrescar; a Moisés en la zarza ardiente; a David a través de canciones y poemas; a Elías en el susurro y a Pablo a través de una visión. Sin embargo, como suele decir el pastor John Arnott, «a veces nos gusta más creer en la habilidad de Satanás para engañarnos, que en la capacidad de Dios para revelarse a nosotros».

Esta relación, capaz de alterar el curso de nuestras vidas, se hizo disponible por medio de lo que Jesús ya hizo. Las experiencias son parte de lo que Él todavía hace por nosotros. Jesús es el camino para nuestros encuentros con el Padre. Jesús dijo: «Nadie llega al Padre sino por mí».[5]

Lo que el huérfano obtiene

En el ámbito natural obtenemos nuestra herencia cuando nuestros padres mueren. Para entonces, nuestros hermanos se transforman en enemigos, en el proceso de decidir cuál es la distribución justa de la herencia. Pero nuestro Padre en los Cielos nunca morirá. Nuestra herencia espiritual está disponible desde el momento en que aceptamos a Jesús en nuestra vida. En adición, obtenemos todos los derechos, la bendición y las propiedades del Padre, como si fuéramos hijos únicos. Con Jehová, no se trata de quién llegó primero, o de si se es varón o hembra, la herencia es un regalo que reciben aquellos que creen.

Así como escribió Pablo, «Ustedes no recibieron un espíritu que de nuevo los esclavice al miedo, sino el Espíritu que nos adopta como hijos y les permite clamar: *"¡Abba!* ¡Padre!"* El Espíritu mismo le asegura a nuestro espíritu que somos hijos de Dios. Y si somos hijos, somos herederos; herederos de Dios y coherederos con Cristo, pues si ahora sufrimos con él, también tendremos parte con él en su gloria.»[6]

El Evento Central fue sobre tu justificación; es el testimonio de tu derecho con relación a Dios. La adopción es acerca de inclusión, es el testimonio sobre tu pertenencia a su familia. Pablo utilizó la adopción romana como analogía para explicar nuestra pertenencia al Padre.

Durante el primer siglo, la *patria potestas* era un termino legal que se refería al poder de un padre para controlar y aun disponer de sus hijos como quisiera. No importa su edad, un hijo en Roma nunca llegaba a librarse de la autoridad de su padre. Este concepto hacía que la adopción fuera un paso muy serio y un proceso muy difícil. Para que se diera una adopción, la persona tenía que ser transferida de una *patria potestas* a otra; de la posesión y control absoluta de un padre, a la misma posesión y control de otro.

La adopción romana era un proceso que se llevaba a cabo en dos pasos y se utilizaba mayormente para redimir esclavos. El primer paso se conocía como *emancipatio*. En esta parte se realizaba una venta simbólica donde la *patria potestas* quedaba legalmente rota. Luego de la venta, seguía una ceremonia de adopción conocida como *vindicatio*. Durante la misma, el padre adoptivo iba ante un magistrado para presentar el caso legal sobre la transferencia de la persona a su posesión. Cuando se completaba el proceso en presencia de siete testigos, la adopción era absoluta. Si la condición de hijo en algún momento era cuestionada, el hijo tenía siete testigos que validarían la adopción y confirmarían su lugar en la casa de su nuevo padre.

La parte más significativa en el proceso de adopción romana son sus consecuencias. Según el libro de referencia *Biblia de Estudio*

Diario de William Barclay, una persona adoptada perdía todos sus derechos con respecto a su pasada familia y obtenía todos los derechos como hijo legítimo en su nueva casa. La persona obtenía un nuevo padre, con todos sus compromisos legales. El adoptado se convertía en coheredero inalienable de las posesiones de su padre. Aun si nacían otros hijos de sangre, esto no afectaba los derechos del adoptado. Además, la vida pasada de la persona se borraba. Por ley, todas sus deudas eran canceladas como si nunca hubieran existido. El adoptado se consideraba una persona nueva, en una vida nueva y ante los ojos de la ley el adoptado era hijo de su nuevo padre, de forma literal y absoluta.

La parte más hermosa acerca de la ilustración de Pedro es que una vez la persona era adoptada, nunca más podía ser devuelto a la esclavitud. No había una fecha de expiración. Nunca existió un precedente legal para la disolución de una adopción. Un padre romano podía negar a sus propios hijos y venderlos mediante *mancipatio*, pero nunca podría devolver aquellos que adquirió mediante adopción.

Y así es con Dios.

No eres un esclavo con miedo a ser rechazado, abandonado o negado. Puedes llamar su nombre *Abba* con confianza y estar seguro de que fuiste recibido en su familia. El Espíritu Santo actuará como los siete testigos de la ceremonia de adopción. Él continuará compartiendo ese testimonio con tu espíritu. No es tu trabajo convencerte a ti mismo de tu estatus como hijo, pero tienes que permitir al Espíritu de Verdad recordarte quién eres en Cristo Jesús.

No importa quién pueda presentarse a negar tu lugar en la casa, el Espíritu de Dios testificará sobre lo ocurrido. Él tiene prueba legal que confirma que eres amado y que le perteneces. Él vio al Padre amarte a través de su hijo Jesús y Él es ahora el Espíritu de Adopción.

Y esta esperanza no nos defrauda,
porque Dios ha derramado su amor en nuestro corazón
por el Espíritu Santo que nos ha dado.

—— *ROMANOS 5:5*[7]

¿Estás dispuesto a desprenderte de la mentalidad de huérfano, para ser hijo por la eternidad? Te garantizo que no hay teología más lúcida o testimonio más poderoso que sustituya un encuentro personal con el Padre. Es el momento perfecto para que el Espíritu Santo comparta esta historia contigo. Mientras los ojos de tu corazón son abiertos, Él te narrará el testimonio personal sobre tu adopción.

¿Estás listo?

CAPÍTULO CINCO

EL OTRO «PADRE»

¡Nuestro problema con la fe no es inhabilidad para escuchar su voz,
es nuestra voluntad para escuchar otras!

— *BILL JOHNSON*

Lucifer fue el primer huérfano, expulsado del cielo para nunca regresar. Se levantó en contra del Padre con la intención de hacerse superior. Peleó por una gloria que no le pertenecía y como consecuencia, perdió su lugar de influencia en el reino.

Imagina el orgullo que se necesita para traicionar tanta bondad. «Subiré hasta los cielos. ¡Levantaré mi trono por encima de las estrellas de Dios! Gobernaré desde el extremo norte, en el monte de los dioses. Subiré a la cresta de las más altas nubes, seré semejante al Altísimo (Dios)»,[1] proclamó Lucifer.

Sin embargo, ahora reina en una silla miserable, en un lugar creado para tal iniquidad. Se convirtió en Satanás, el tentador, el Dios de las moscas y el enemigo de Jehová. Merodea como un león sin dientes, derrotado y hambriento de venganza. Y aunque Jesús le quitó el poder a su mordida, hoy utiliza el rugido de «la mentira» como arma predilecta y nos trata a cada uno de nosotros como a una víctima potencial.

De hecho, Jesús les explicó a los líderes religiosos que su inhabilidad para escuchar su voz implicaba su sumisión a otra voz: "Ustedes son de su padre, el diablo, cuyos deseos quieren cumplir. Desde el principio este ha sido un asesino, y no se mantiene en la verdad, porque no hay verdad en él. Cuando miente expresa su propia naturaleza, **porque es un mentiroso. ¡Él es mentira!**"[2]

De manera que, si la función de un padre es dar identidad a sus hijos, la labor principal de Satanás es dar identidad a sus hijos ilegítimos. El primer huérfano se convirtió en padre y su semilla de engaño fue plantada en el corazón de todo aquel que escucha su voz. Él es el supremo Creador de Orfandad; el que te niega.

La decepción que una vez Lucifer creyó, se convirtió en la primera mentira que utilizó contra el hombre; una promesa de gloria mancillada de orgullo. «Cuando coman de ese árbol, se les abrirán los ojos y llegarán a ser como Dios (El Altísimo)», aseguró la serpiente antigua, en el Jardín del Edén.

Los primeros humanos vivieron en el paraíso, en relación perfecta con el Padre y la misión de gobernar. Ya eran como Dios, creados a su imagen, conforme a su semejanza. No tenían ninguna necesidad de la propuesta. Pero aceptaron el veneno de la duda, comieron la fruta del árbol equivocado y compraron muerte para la humanidad.

La estrategia del enemigo fue simple, poner en duda la bondad del Creador y distorsionar, en la mente de Adán y Eva, el valor del hombre como creación de Dios. Satanás los hizo pensar que perderían la oportunidad de ser superiores, como si Dios les hubiera fallado al no crearlos perfectos. Satanás les aseguró, «No es cierto, no van a morir», una contradicción directa a la advertencia de Jehová, su protector. Les hizo creer que su creador les había negado una vida mejor al prohibir su acceso al fruto del árbol del conocimiento del bien y el mal. El engaño redujo la percepción del hombre sobre su Padre, a un capataz mediocre que se guarda lo mejor para él.

Al escuchar al enemigo, su apreciación cambió. Sus mentiras los hizo ver diferente, pues antes el árbol del conocimiento del bien y el mal nunca se vio apetecible. Pero, desafortunadamente para nosotros, los primeros humanos escucharon los argumentos astutos y actuaron en acuerdo con la mentira. Ambos fueron seducidos por el poder y engañados para entrar en condición de orfandad.

Sin embargo, aún después de la mordida, Dios se acercó a Adán y Eva en el jardín. Y aunque conocía la situación, continuó con sus planes de pasear con sus niños al aire del día:

> Dios el Señor llamó al hombre y le dijo:
> —¿Dónde estás?
> El hombre contestó:
> —Escuché que andabas por el jardín, y tuve miedo porque estoy desnudo. Por eso me escondí.

La mentira que inició la desobediencia, le dio a probar al hombre y a la mujer el desconocido sabor del miedo y la vergüenza. La primera experiencia de desconfianza que sintió el hombre fue contra la voz afectuosa de su Padre y el primer pensamiento negativo en contra de sí mismos, fue sentir vergüenza al ver sus cuerpos desnudos.

> —¿Y quién te ha dicho que estás desnudo?— le preguntó Dios—. ¿Acaso has comido del fruto del árbol que yo te prohibí comer?
> Él respondió:
> —La mujer que me diste por compañera me dio ese fruto, y yo lo comí. (Primer registro histórico de la reacción: *culpo a mi mujer, luego a Dios*.)
> Entonces Dios el Señor le preguntó a la mujer:
> —¿Qué es lo que has hecho?
> —La serpiente me engañó, y comí—, contestó ella. (Argumento que luego se convertiría en la clásica respuesta: *culpa del diablo*.)

Sin embargo, la mujer tenía razón. Adán y Eva comieron del árbol porque escucharon la palabras del engañador. Por su fe en la mentira y su voluntad para actuar de acuerdo a ella, no sólo ellos, sino que todos fuimos afligidos por el pecado, la enfermedad y la muerte.

De esta manera Satanás se convirtió en padre. Adán y Eva escucharon los argumentos maliciosos y actuaron de acuerdo a la voz de engañador. Satanás compartió su identidad con el hombre. Ambos, el hombre y la mujer, fueron seducidos por el poder y engañados para entrar en la condición de orfandad. El huérfano original engañó a los hijos de Dios para que ellos también se convirtieran en huérfanos y esclavos de aquel al que obedecieron.[3]

Hoy somos nosotros los que tememos a la voz de Dios; nos

escondemos en la vestiduras de la vergüenza; somos infelices con nuestra apariencia y luchamos por encontrar un hogar en un sistema que está determinado a hacernos sentir rechazados. En el primer Adán fuimos escoltados fuera del jardín y enviados en este largo viaje para redescubrir quiénes somos. Es aquí, fuera del paraíso, donde nos toca decidir quién es nuestro verdadero padre.

Escucha a tu verdadero padre

Lo más poderoso que un padre puede declarar sobre sus hijos son palabras que forjen una identidad verdadera. Dios, el maestro en paternidad, nos enseña a creer lo mejor y nos anima a hablarlo. «¡Diga el débil fuerte soy!», aun cuando las circunstancias desafíen nuestra verdad.

Cuando Jesús salió de las aguas, luego de que Juan lo bautizara en el río Jordán, una voz del cielo habló sobre Él; «Éste es mi hijo amado en quien tengo complacencia…», pero, de inmediato, el Espíritu envió a Jesús al desierto por cuarenta días. Una vez en el desierto, Dios Hijo ayunó, oró, caminó, confió y esperó.

Satanás tuvo la oportunidad de tentar a Jesús en lo que aparentó ser el momento más débil de su vida como hombre. Tras múltiples intentos fallidos para matarlo durante sus años de infancia, podríamos suponer que, en esta ocasión, Satanás utilizaría la estrategia más poderosa concebida en el infierno. La lujuria pudo haber sido un arma poderosa contra un varón virgen de 30 años. La amargura lucía como una tentación adecuada ante el hambre y soledad que experimentó el Hijo en el desierto. Sin embargo, entre tantos pecados, tentaciones y emociones a escoger, Satanás mantuvo un sólo plan. Su gran táctica fue retar las palabras que el Padre declaró sobre la vida del Hijo.

«Si tú en verdad eres el Hijo de Dios» fue su frase de apertura. Esas fueron las palabras escogidas de forma estratégica por el padre de la mentira contra Jesús y contra ti. Primero, Satanás lo retó a convertir una roca en pan. Porque de seguro, un BUEN PADRE no dejaría a su hijo pasar hambre, ¿cierto?

Durante la segunda tentación, Satanás le ofreció a Jesús otra oportunidad de probar cuánto lo ama su Padre. Así que le pidió a Cristo que se tirara del pináculo del templo en Jerusalén. «¡Brinca! — le dijo— ¿No sabes que las Escrituras dicen que Él te sostendrá? ¿Acaso dudas de la bondad de tu padre?»

En la tercera ocasión, Satanás le presentó a Jesús los reinos de la Tierra y le insinuó: «Si en realidad eres el hijo de Dios... entonces el Padre debe haberte dado todo lo que yo te ofrezco. De seguro, aquel que dice ser tu padre no te negará poder e influencia sobre todo lo que le pertenece. O, ¿me equivoco?»

Jesús fue capaz de vencer la tentación porque estaba seguro de quién era, quién era su padre y cuánto lo amaba. Las palabras que salieron de la boca de su Padre fueron la comida con la que se alimentó por cuarenta días.

De hecho, la estrategia de Satanás contra nosotros no es diferente a lo que observamos en la tentación de Jesús en el desierto. Si algo podemos aprender sobre esta confrontación, es que el Padre de la Mentira no tiene la intención de empujarnos a hacer el mal. Su estrategia es convencernos del valor equivocado. Si el enemigo logra socavar la fe en nuestro estatus como hijo, de manera que nos haga dudar de la bondad de nuestro Padre, el trabajo para hacernos caer en otro tipo de pecado estará hecho.

La Biblia nos llama a rendirnos al acuerdo del Cielo y resistir la acusación hasta que veamos la victoria. «Así que sométanse a Dios. Resistan al diablo, y él huirá de ustedes».[4] En la versión original, Santiago utilizó la palabra *diablos* que significa falso acusador; criticar de manera injusta para producir dolor, condenar o dañar una relación. El enemigo visitó el jardín del Edén y el desierto de la tentación con la intención de dañar la relación de padre e hijo. Jesús fue capaz de resistir y hacer huir a Satanás, pero, de acuerdo con la Biblia, nosotros también podemos obtener la victoria.

¿Haz notado como cuando comenzamos una conversación con alguien importante solemos detener cualquier otra conversación en la que estemos involucrados? Si el plan es hacer al enemigo huir, debemos dejar de escuchar sus acusaciones y rendirnos a las palabras que salen de la boca de Dios. La verdad, concebida en las palabras del Padre perfecto, cambiará el resultado de tus batallas. Dios quiere y es capaz de cambiar tu duda, tu amargura y tu miedo. Pero, mientras Dios habla verdad a nuestro corazón, día tras día y de manera constante, el enemigo habla mentiras a nuestra mente. Dependiendo de qué padre obtengamos nuestra identidad, será la manera en la que manejaremos nuestros pensamientos.

Dos padres entraron al orfanato de nuestro corazón. Uno es amoroso y atento, mientras el otro es cruel y rencoroso. Uno nos recibe con un gruñido. Él sólo sabe rechazar y hablar cosas horrendas sobre nuestra apariencia, valor y personalidad. Mientras el de la sonrisa en el rostro nos recibe con un beso y nos ofrece un abrazo de bienvenida. De acuerdo con la primera carta de Juan, Dios es amor y de acuerdo con I Corintios capítulo 13, el *amor cree*, *perdona* y *todo los soporta*. De manera que, cuando nos convertimos en el recipiente de este amor —

el amor más grande de todos—, el amor mismo cree, soporta y tiene esperanza en nosotros.

Cada vez que nos acercamos en arrepentimiento, Dios cree que somos genuinos. Él recibe cada oración de arrepentimiento como una ofrenda fragante. El Padre que todo lo conoce no responde como los haría un hombre cínico. Él no mira al futuro para quejarse de nuestros fracasos. Cuando hablamos, Él cree. Cuando oramos, Él tiene esperanza. Cuando fallamos, Él soporta. Y su amor nunca falla.

Satanás vino a matar, robar y destruir. Él quiere que continúes comiendo del árbol equivocado, pero el Padre preparó una mesa delante de ti en presencia de tus angustiadores. ¿De cuál de las dos ofertas comerás? ¿Qué voz escucharás? ¿A quién tendrás por Padre? No es una elección difícil. ¡Escoge al Padre perfecto!

Todo comienza con una creencia

Los sentimientos de rechazo provienen del padre de la mentira, mientras los celos son producto de la falta de amor propio. El chisme es el lenguaje del cobarde, mientras el enojo es la fruta amarga de la decepción. Todas las emociones contrarias a los pensamientos de Dios se originan de una sucia mentira que decidimos creer.

De manera que, para ver una cambio en nuestras emociones, primero debemos ir a la raíz. La cosa más importante que podemos hacer es creer en Jesús. Así como todas nuestras emociones carentes de Dios se originaron en una mentira, la eternidad está determinada por una sola verdad. De acuerdo con el pasaje de Romanos 10: 9-11, «si confiesas con tu boca que Jesús es el Señor, y crees en tu corazón que Dios lo levantó de entre los muertos, serás salvo. Porque con el corazón se cree para ser justificado, pero con la boca se confiesa para ser salvo».

Tú fuiste escogido. Tú fuiste perdonado. Eres una nueva creación. ¿Lo puedes creer? Conocer esta información es importante; creerla es indispensable.

Imagina este escenario: El hombre más horrible en el mundo, una obra maestra de Satanás, un violador de mujeres y niños, nunca demostró una onza de arrepentimiento. Hoy está en el hospital a punto de morir. Sediento de odio y venganza, disfrutó su vida haciéndole daño a los demás. Desde que tiene consciencia de sus actos, manifestó su odio contra todos y la rebelión se convirtió en su estilo de vida. El hurto, el chisme y la violencia forman parte de su identidad. Aun cuando la muerte toca a la puerta, él está en busca de una última víctima a quien acosar.

Sin embargo, durante su última hora de vida, una enfermera anciana se le acerca con un vaso de agua. El hombre no encuentra la forma de ser cruel. Su aroma, la forma en que camina y su sonrisa lo invitan a detener su búsqueda y susurrar, «Gracias». Las palabras tienen un sabor inusual, pero la respuesta cálida de la enfermera estremece su corazón.

La anciana conoce todo sobre su travesía fría y solitaria. Luego de ver la noticias sobre su captura, los empleados del hospital no han parado de hablar sobre él. Le dan una dosis más baja de morfina de la requerida para un paciente en su condición. Los doctores disfrutan dejarlo sufrir y las demás enfermeras no quieren tratarlo. Ni una sola persona ha venido a visitar.

Su triste final guarda un sabor a justicia, sin embargo, esta dulce enfermera, dispuesta a dejar atrás el pasado, le responde: «Es un placer».

Él no puede recordar la última ocasión en que alguien le contestó de forma calmada. Está agradecido de haber comenzado esta conversación. Mientras tanto, ella continúa hablándole sobre sus nietos y Jesús; sobre el cielo y el infierno; música y comida. Él está confundido sobre la razón por la que quiere escuchar, pero lo hace. Cuando ella le ofrece que oren juntos, él no puede resistir la oferta. Ella, por su parte, se siente privilegiada por la victoria y puede sentir la presencia de Dios cuando invade la habitación. En un susurro, el hombre repitió las palabras que la anciana le dictó. Y en su último minuto de vida, el hombre más horrendo en la faz de la tierra, se sintió perdonado.

¿Crees que este hombre puede disfrutar de una vida eterna en el cielo, tal como tú y yo lo haremos? ¿Por siempre y para siempre? ¿Estás de acuerdo en que, si lo declara con su boca y lo cree en su corazón, él estará con Jesús en el paraíso?

La salvación no es acerca de lo que hacemos, es acerca de Aquel en quien hemos creído. Ir al paraíso no se trata de decir las palabras correctas, sino de confesar al correcto. Tenemos la oportunidad de experimentar la eternidad en el deleite del Padre, no por una simple acto de justicia propia, sino por Aquel que permaneció justo hasta el final. Jesús cumplió con la ley de forma intachable, de manera que nosotros pudiéramos ser llenos del Él a cabalidad. Cualquier otra historia que queramos creer es una mentira fabricada.

Sabemos que esta conjetura está conforme a las Escrituras porque, de acuerdo al registro bíblico, la primera persona en convertirse en residente permanente en el paraíso fue uno de los delincuentes crucificados junto a Jesús. Murieron minutos uno tras del otro, Jesús con un historial perfecto y el segundo, con una larga lista de fallas. En los evangelios de Mateo y Marcos podemos leer como ambos criminales crucificados se burlan del Cristo crucificado en medio de ellos. Sin embargo, en su recuento de la historia, Lucas registra un cambio en el corazón de uno de ellos; el momento en que uno de los ladrones, que se encontraba allí por merito, descubre la gracia. Ambos malhechores recibieron su juicio de acuerdo a la ley del hombre, ambos experimentaron el precio por sus pecados, pero sólo uno decidió creer. Desde entonces, ese ladrón vive junto a Jesús en el paraíso.

Si la salvación es por la fe, ¿quién nos engañó para creer que podemos ganarla o perderla por nuestras obras?

La verdad es que nadie es salvo por obras, sino por la fe. Una verdad tan poderosa que valió la pena morir por ella. Todas las religiones del hombre demandan obras, pero nuestra relación con Jehová se disfruta sólo con aceptarla. Somos justificados por la fe en el Hijo de Dios y eso es lo único que puede determinar nuestra morada eterna. Ahora, si bien es cierto que una creencia puede establecer el destino final de nuestra alma, entonces debemos prestar mucha atención a cada una de las cosas que creemos, porque en ellas hay poder parar transformar.

¿Qué dice la verdad?

Sólo necesité una fotografía 2x2 para interesarme y una conversación de 20 minutos para enamorarme de ella. ¡Era la chica de mis sueños; temerosa y creada de manera espectacular! Me encantó cada detalle; su cabellera color marrón y sus grandes ojos verdes; complementos para su hermoso corazón y un espíritu aventurero.

Sin embargo, cuando la conocí, confrontaba problemas de bulimia desde hacía más de una década. Cada día, durante 12 años de su vida, Satanás se dedicó a hablar palabras de deshonra desde el otro lado del espejo a mi esposa, la mujer que amo. Y, como es típico en este tipo de situaciones, ella decidió creer y actuar en acuerdo con las mentiras concernientes a su cuerpo, creación perfecta de Dios.

Catherine había escuchado decir a otra persona que su constitución física no era lo suficientemente delegada. Ella recibió estos comentarios como una declaración de valor. Y desde entonces, cada vez que se miraba al espejo, veía imperfecciones. Pensaba: «mis pantorrillas son muy grandes, mi piel muy blanca o mi figura es muy "gruesa"».

Catherine concluyó que, si ser gorda le impediría ser amada, tendría que tomar control y trabajar duro para ser aceptada. La rutina diaria de mi futura esposa giraba alrededor del gimnasio, el baño y medidas de consumo de calorías. La grotesca definición de belleza que aceptó como cierta creó una imagen de sí misma alejada de la realidad divina. Una imagen que la impulsó a tomar miles de pastillas para modificar su cuerpo.

Sin embargo, yo me deshice entre coqueteos y hablé palabras de sanidad a mi futura esposa; un embate de cumplidos sobre su voz, su sonrisa y sus piernas, que le hice llegar en forma de poemas, canciones, correos electrónicos y miradas. Esta mujer debía saber lo perfecta que era. Convencerla de lo que yo veía en ella se convirtió en una misión personal. Sólo hablé de lo que vi, las mismas palabras que hubiera dicho si ella no hubiera estado luchando con su autoestima. No me veía como la verdad que la rescataría. Sólo disfrutaba compartir con ella el hecho de que me atraía de forma ridícula. Su bulimia nunca fue mi enfoque, yo estaba tras su corazón.

De la misma forma, Dios no está enfocado en corregir nuestro comportamiento. Él está interesado en ganar nuestro corazón. Él sabe que si lo escuchamos y creemos sus declaraciones de valor sobre nuestras vidas, cuerpos, pasado, presente y futuro, entonces todo cambiará.

Sin embargo, el problema no es lo que vemos, sino lo que decidimos creer. La libertad no está en las palabras de las personas, sino en nuestra decisión de recibir la verdad que Dios habló sobre nosotros. En algún lugar del camino, alguien declaró una mentira sobre nuestra vida o una experiencia negativa nos puso en acuerdo con el engañador. Esta información dañina creó expectativas que nos pusieron en búsqueda de algún tipo de confirmación. Y una vez la mentira es confirmada, no importa los que hagamos para combatirla, la única forma de ser libre es creer cuando escuchemos la verdad y confiemos.

Catherine escogió creer. Dios había hablado palabras de amor sobre ella, desde antes de la fundación del mundo. Sus padres hablaron palabras de afirmación desde el día de su nacimiento y yo hablé palabras de aliento desde el instante en que la conocí. Ella decidió rechazar la mentira y cambiar lo que creía, por la verdad.

Un año después de conocer a Catherine nos comprometimos. Siete meses después nos casamos. Nueve meses luego de nuestra boda se veía más hermosa que nunca, pero ahora ella también podía creerlo y eso incrementó los efectos de esa verdad. Ella tomó la decisión de escuchar la verdad de Dios, se puso de acuerdo con ella y ahora es verdaderamente libre. Hoy, Catherine posee autoridad para hablar vida y libertad a las personas que están aprisionadas por el odio que sienten hacia ellas mismas.

De hecho, aunque en diferentes áreas de la vida, la experiencia de mi esposa es muy común para la mayoría de las personas. Y es que el padre de mentira convirtió nuestra mente en un campo de batalla por nuestra alma. Él pretende que nos pongamos en acuerdo con sus mentiras. Pero el espejo de nuestra existencia tiene dos caras. O dejamos que Satanás, el pecado, las circunstancias, opiniones y fracasos determinen quiénes somos o escuchamos a Dios. Nosotros decidimos a quién ofrecemos nuestra mano en acuerdo y a quién llamamos mentiroso.

La travesía comienza con reconocerlo. La fuente de mentira siempre será el enemigo de nuestra alma, pero necesitamos ir al lugar donde firmamos el contrato, para romperlo. Quizá de niños escuchamos:

- «Hubiera sido mejor si no hubieses nacido».
- «Eres estúpido».
- «Estoy decepcionado de ti».
- «Siempre serás _____».

Todas estas palabras nos dieron la oportunidad de creer una mentira. Creer produce fe para verlas cumplidas. Y cuando nuestras creencias se confirman a través de nuestras circunstancias, esas ideas se fijan a nuestra identidad y comienzan a distorsionarla.

La salida es mirar hacia adentro, «ser transformados mediante la renovación de nuestra mente».[5] Nuestro Dios, que es capaz de restaurar las experiencias dolorosas de nuestro pasado, puede hablar verdad sobre el engaño. Su espíritu de sabiduría y revelación puede mostrarnos la realidad que nos hará libres.

- «Fuiste formado en el vientre de tu madre».
- «Tienes la mente de Cristo».

- «Dios está complacido contigo».
- «Siempre serás _____».

En la primera ocasión que Amber Brooks, nuestra directora de adoración, predicó un domingo en la mañana en *Catch The Fire*, Raleigh, le hizo estas preguntas a la congregación: *«¿Quién te dijo que eres adicto? ¿Quién te dijo que no valías nada? ¿Quién te dijo que no servías?»* Pues, Dios no lo hizo. Así que, alguien más tuvo que haberlo hecho.

Satanás sabe que las etiquetas o apodos pueden reflejar situaciones reales, comportamientos existentes o palabras que se han dicho. Pero, es de suma importancia que entiendas algo que Satanás conoce muy bien: Cualquier cosa que creas de ti mismo determinará el curso de tu carrera. Cualquier cosa que creas acerca del sexo opuesto influenciará la forma en que tratas a tu esposa. Y lo que creas acerca de Dios tendrá un impacto en la manera en que te relacionas con Él.

Deja de comer de ese árbol y arráncalo de raíz. Esas etiquetas no te definen. El Espíritu Santo quiere guiarte hacia toda verdad; quiere exponer todo lo que no está en línea con el Amor de Dios, revelado en Jesús.

Así como Pablo le declaró a la iglesia de Éfeso, hoy te digo a ti: «Pero Dios, que es rico en misericordia, por su gran amor por nosotros, nos dio vida con Cristo, aun cuando estábamos muertos en pecados. ¡Por gracia ustedes han sido salvados! Y en unión con Cristo Jesús, Dios nos resucitó y **nos hizo sentar en Él, en las regiones celestiales**».[6]

Hoy, estamos sentados en el trono que Lucifer codició; el lugar más importante en el reino; el lugar de Cristo. Estamos en el Hijo, amado por Dios y lleno de su Santo Espíritu. Las mentiras de Satanás y sus engaños nunca nos podrían haber llevado hasta allí. Lo único que se requiere es que escuchemos la voz correcta, la creamos y rechacemos toda falsedad que hasta ahora hemos recibido.

Tu desacuerdo con el enemigo te pondrá en acuerdo con el Padre. Al transformar tus pensamientos le darás una nueva forma a tus resultados. Al permitir que el Espíritu identifique las mentiras en tu vida obtendrás un mapa para tu sanidad.

Tomemos la ruta opuesta a la que tomó Satanás. Dirijámonos hacia la humildad y la sumisión. Esto que ahora tenemos por gracia es superior al Edén, porque el segundo Adán deshizo las obras del primero. Somos la niña de los ojos de Dios. Somos la novia de Cristo. Somos el templo del Espíritu Santo y de acuerdo con nuestro verdadero Padre, somos dignos de amar.

Sólo cree.

CAPÍTULO SEIS

MUY BUENAS NOTICIAS

Un padre con gracia dirige a sus hijos
a través del campo minado del pecado.
Los padres indulgentes observan a sus hijos
mientras se aventuran en el campo minado.
Los padres legalistas los persiguen hasta allí.

— *DOUGLAS WILSON*

Temprano por la mañana, mientras Jesús hablaba a la multitud en el templo, los escribas y los fariseos le trajeron una mujer que acababan de atrapar en pleno acto de adulterio. Piensa en esta escena por un momento. La mujer experimentó el horror de «ser descubierta» mientras disfrutaba la emoción de estar con el esposo de otra persona. Luego fue arrastrada por las calles, probablemente, aún desnuda y con olor a sudor, lágrimas y sexo. Una vez en el templo, la arrojaron a los pies de un humano perfecto, el único que nunca conoció lo que se siente ser atrapado en un acto indebido.

El Cristo estaba tan cerca y ella tan expuesta. Imagina la vergüenza, la culpa y el arrepentimiento; tantos sentimientos horribles tocaban a la puerta de su corazón. Añade a esto el estar consciente de que le esperaba una muerte por apedreamiento y, sin temor a equivocarnos, podemos concluir que se encontraba en el peor día de su vida.

Los líderes religiosos estaban listos, ansiosos, con piedras en sus manos y la ley de Moisés como aullido en sus corazones. Estaban estimulados por la oportunidad de probar su rectitud y veían a esta mujer como el momento favorable para atrapar en su error a otro «pecador», el borracho y glotón de Nazaret. Era como si el reflejo de su propio pecado los segara de odio. No hubo señal de tregua. Este día la misericordia no era una opción.

Sin embargo, en medio del fervor religioso, la historia no documenta que la mujer suplicara misericordia. No hay evidencia escrita que la muestre pidiendo perdón. Ella permaneció allí, delante de Jesús, expuesta y condenada.

De pronto, el Mesías se acercó, se arrodilló y comenzó a escribir en el suelo. Todos los ojos, incluidos los de la mujer en medio del círculo, tuvieron que bajar su mirada para ver a Jesús. Cristo manifestó con su cuerpo lo que ya había revelado a través de su palabra: Él vino del cielo a salvar lo que estaba perdido en el barro.[1]

Entonces, Jesús se puso en pie y retó la agenda de la mañana: «Aquel de ustedes que esté libre de pecado, que tire la primera piedra». Luego se agachó y escribió un poco más.

Dios, el Hijo, no se pudo quedar estático ante tal despliegue de justicia propia. No permitiría que esta mujer muriera como paga de sus pecados. Jesús sabía que él era el único capaz de hacer ese trabajo de forma efectiva en la cruz. De manera que, su reto y su convicción provocaron que los hombres que la llevaron allí se marcharan poco a poco, comenzando por los ancianos. Todos se fueron por su camino, con el peso de su vergüenza.

Mientras tanto, la transgresora permaneció en el templo con el Dios Santo, a solas con Jesús. Ahora estaba con otro hombre, uno que le ofreció otro tipo de intimidad. Este extraño que descendió al barro y la salvó de la muerte, le preguntó: «Mujer, ¿dónde están? ¿Nadie te condena?»

Ella sólo pudo contestar lo obvio: «¡Nadie, Señor!»

Nadie la condenó. Ninguno de los que estaba allí lanzó una piedra. Jesús era el único con el derecho a juzgarla, pero decidió no hacerlo. Él ni siquiera retó su estilo de vida, no corrigió su comportamiento o le dio un programa de diez pasos hacia la pureza sexual. Lo que hizo fue mucho más poderoso que el castigo que merecía, según la ley.

Jesús extendió su mano y le dio la bienvenida a la vida bajo la gracia. Él le dijo, «ve y no peques más», como quien dice, yo bajé a tu nivel, ahora te recibo en el mío. Yo sufriré tu muerte y me convertiré en tu adulterio. Te expondré sin vergüenza frente a mi Padre y todo lo que me pertenece a mí, te pertenecerá ahora a ti.

La pecadora expuesta, en pie frente a Jesús, fue invitada a una vida que sólo el Hijo de Dios podía vivir, una vida de libertad y santidad. Esta mujer no oró la oración del pecador, no se memorizó ningún versículo bíblico o escuchó alguna canción de adoración. Lo único que hizo fue permitirle a Jesús que la salvara y reconocerlo como Señor. Mientras todos en el pueblo estaban conscientes de su pasado pecaminoso, Jesús estaba al tanto de su futuro glorioso. Jesús creyó que ella podía vivir esa vida, no por medio de esfuerzos devotos o intenciones de pureza, sino por Él, su nuevo amado.

Este despliegue de amor resonó en los corazones de las personas que atestiguaron el evento. Los padres de la iglesia antigua registraron esta historia en libro de Juan, capítulo 8, porque había algo sobre ese momento que debía documentarse de manera que el resto del mundo pudiera conocerlo.

Cuando Jesús dijo, «ve y no peques más», no nos ofreció una falsa esperanza, sino que convocó a nuestro corazón: «Ve y vive mi vida, en mí, a través de mí, y por mí. Y cada vez que seas sorprendido en el acto de _____, te perdonaré antes de que lo pidas, te defenderé ante tus acusadores y te encontraré de nuevo en el trono de la gracia».

Este Jesús nos es un líder religioso; es el Salvador. Puedes disfrutar de su amor extravagante aun luego de caer en tu pecado extravagante.

Pecadores en manos de un Dios amoroso

Si de alguna forma concluyes que la historia de la mujer atrapada en pleno acto de adulterio constituye una base para vivir con permiso para pecar, entonces no has conocido al Rey Santo. Él es justo en todos sus caminos, es majestuoso y de una blancura deslumbrante. No hay maldad en Él, es honorable, justo y puro, por siempre.

Su nombre es Santo y te ama demasiado como para dejarte en el lodo. Él es un padre muy atento como para no denunciar tu transgresión. Él cree demasiado en ti como para verlo todo desperdiciado en impureza, religión falsa, adicción, pornografía, enojo, glotonería, racismo, chismes o miedo. Somos tanto la mujer adúltera, como los fariseos que estuvieron allí en el día de su liberación. Todos necesitamos un encuentro con la salvación.

El pecado es el mayor estorbo para una verdadera relación. No podemos movernos adelante en nuestra búsqueda de relación, como hijos de Dios y de los hombres, hasta que aprendamos a manejar de manera apropiada nuestros conflictos internos.

Podría garantizar que pecaste en los últimos 20 minutos. Ofendiste a Dios, rompiste su ley y no lograste ser perfecto. Aun si comenzaste a pensar: «Espera un segundo; No hice nada malo en los últimos 20 minutos». Me gustaría recordarte que Santiago 4:17 asegura que «el que sabe hacer bien y no lo hace, comete pecado».

De manera que, a menos que te encuentres de regreso de alimentar al hambriento, limpiar los platos que nadie te dijo que lavaras o de orar por los no alcanzados de África Occidental, entonces, pecaste. Y ahora, gracias a estas últimas líneas, ¡yo también pequé! Te juzgué por tu inmoralidad y me uní en la compañía de esta raza humana quebrantada, sucia y profana.

De hecho, la Biblia dice que, «si decimos que no tenemos pecado, nos engañamos a nosotros mismos, y la verdad no está en nosotros. Si confesamos nuestros pecados, Él es fiel y justo para perdonar nuestros pecados y limpiarnos de toda maldad».[2] Sólo existe un hombre que nunca pecó y sólo uno que puede lidiar con el pecado de la forma correcta. Ese, no es ninguno de nosotros y, de acuerdo a los últimos párrafos, esas son muy buenas noticias.

Jesús consumió nuestra impureza sexual y nuestra tendencia a criticar a otros. En la cruz, Él tuvo que aguantar nuestro orgullo y se convirtió en uno con el pecado que nos separó de Dios. Cuando el Padre vio a su hijo en la cruz, cargando el pecado del mundo, no vio a su Hijo, vio nuestra maldad.

Mientras Jesús moría en la cruz, El Padre se volteó y miró en dirección opuesta. No en enojo contra su hijo, sino en ira por el pecado que envió a Jesús a la crucifixión. Aunque Dios amaba a su Hijo tanto como siempre lo amó, en ese momento, se volteó en repulsión hacia la inmundicia del pecado. Y cuando el Padre desvió su mirada, Jesús fue olvidado.

Quizá no podamos entender todas las implicaciones de la experiencia de Jesús. De hecho, tendríamos que vivirla para entenderla. Pero fue allí en la cruz que el Hijo se identificó por completo con nosotros los pecadores y murió en nuestro lugar. La única razón por la que el Padre abandonó a su Hijo amado fue porque todo nuestro pecado estaba sobre Él. Cristo murió en lugar nuestro, sus enemigos. Dios, de forma justa, enjuició nuestro pecado a través de su Hijo. Jesús se convirtió en maldición para que en Él fueras perdonado, santo, sin culpa, fiel, escogido y amado.

Trabajando con el pecado, como un no pecador

Esta es la forma en que los hijos e hijas de Dios tratan con el pecado: **no lo hacen.**

Jesús fue tentado en todo, pero no pecó. Él vivió como un hombre perfecto y luego, tomó su vida sin pecado y la ofreció a cambio de la vida pecaminosa de cada uno de nosotros. Jesús se convirtió en pecado por nosotros, de manera que nosotros pudiéramos ser la manifestación de un Dios justo.

El evangelio es simple, pero demasiado chocante para nuestras mentes religiosas.

Por ejemplo: No me gustan las bananas, ¡las amo! Todos los días me como dos, siempre con un vaso grande de leche con chocolate. Ordeno al menos 15 por semana y pido que las entreguen a mi puerta. Sin embargo, ninguna de esas bananas compartía una historia previa conmigo. No estuve involucrado en el proceso de siembra. No tuve comunicación con las personas que las recogieron. Yo sólo las recibí, las acepté como alimento en mi casa y terminé su viaje al consumirlas.

Al final de la semana cada una de esas bananas dejó de ser una fruta y, de forma involuntaria, se convirtió en Carlos Alberto Rodríguez Sostre. Toda su fibra, nutrientes, vitaminas y proteínas dejaron de ser parte de una fruta para convertirse en parte de mí, procesada por mi sistema y mezclada con mis células. Los que me ven, en realidad estarán observando las 15 bananas de la semana pasada, transformadas y manifestadas en mi cuerpo.

De igual manera, Jesús tomó la copa de la ira de Dios hasta la última gota. Él se convirtió en uno con el pecado y el castigo que fue nuestro alimento desde el principio. Él tomó y consumió la fruta de la depravación, culpa, muerte, miedo y dolor que cargábamos. Si ves a Jesús, en realidad nos estarás observando a cada uno de nosotros.

De la misma forma, Jesús nos invitó a comer su cuerpo y tomar su sangre.[3] Cuando Jesús compartió esta imagen barbárica en la Palestina antigua le costó algunos discípulos. ¡Es una locura pensar que tenemos que comer o beber a otra persona para heredar la vida eterna! Pero ese fue el requisito que Jesús impuso. Cuando hacemos banquete de su carne, tomamos parte de su naturaleza. Comemos de Él, el Árbol de Vida, y recibimos su santidad, pureza, carácter y fe.

> *Jesús se humilló a sí mismo,*
> *vino y se identificó completamente contigo en tu humanidad,*
> *de manera que puedas identificarte completamente*
> *con Él en su divinidad.*
>
> —— *COLIN URQUHART*

«Consumado es», exclamó el Hijo, mientras se convertía en uno con nosotros, de manera que nosotros pudiéramos convertimos en uno con Él. Jesús lidió completa y eternamente con nuestro pecado. Si comemos y bebemos de Él, nos convertiremos en uno con su perfección. Él nos tuvo por cena en la cruz; tengámosle a Él por desayuno en la resurrección.

Tratar de resolver el problema de nuestro pecado por nuestra fuerza implica que no creemos que el sacrificio fue completo. Pero, Jesús no dijo: «¡No puedo más, Padre lleva mi espíritu ahora, lejos de esta inmundicia!» Él declaró con todas sus fuerzas «consumado es». Fue el grito más fuerte que la eternidad jamás haya escuchado. Desde entonces, todo terminó; *fue* terminado y *continuará* terminado.

El pecado tiene sólo una solución. Esa solución, que es Cristo Jesús, ya resolvió el problema. Él pagó el precio completo por todo el mal que hemos hecho. Está tan completo, que aun el pecado en que caeremos mañana fue redimido. Lo único que podemos hacer acerca del increíble regalo de la gracia es aceptarlo, responder con rendición, arrepentimiento y adoración.

Al recibir esta verdad «Somos uno con Cristo y uno con el Padre».[4] Allí seremos santificados. Entonces, como siempre fue, triunfaremos sobre el pecado. Ahora, nuestro gozo y placer es manifestar la santidad que nos pertenece, gracias a Él.

La lucha continua

¡Ay, lo hiciste otra vez! También hiciste la confesión, el arrepentimiento y la limpieza. Incluso, pasaste por un complicado proceso de purificación y juraste nunca más pecar de esa manera. Pero esta vez, no sólo no pudiste permanecer puro, sino que rompiste la promesa que le hiciste a Dios y retrocediste el proceso de santificación.

Todos los días encontramos múltiples formas de hacer lo erróneo. Para algunos, es la mentira o el chisme. Para otros, las pastillas, cortarse el cuerpo o inducir el vómito. Para muchos, es un asunto sexual. No tiene que ser una relación adúltera. Puede ser ese pensamiento que se transforma en una escena pornográfica en nuestra mente o la página de Internet que encuentra el camino de vuelta a nuestra vida. Y, para coronar la lista de ofensas, nos gusta juzgar las situaciones de otros y su mal comportamiento.

De todas formas, queremos detenernos. Pero nos confesamos, arrepentimos y purificamos, sólo para robar, odiar y maldecir una vez más. Mientras el círculo vicioso continúa, todo se enreda más que el párrafo que acabas de leer.

Jesús declaró que «ya estás limpio»[5]. Pero la verdadera pregunta es: ¿Cómo comenzamos a manifestar esa verdad espiritual? ¿Cuándo esa verdad se verá como un hecho en nuestra vida, aquí en la Tierra? Sí, *estamos* limpios, pero ¡queremos *permanecer* limpios!

Mientras compartía una enseñanza en *CTF School of Revival*, un estudiante me preguntó: «¿Cómo me detengo? Dime cómo paro de pecar». Acababa de compartir sobre la Ley, los Profetas y la Gracia. Habíamos repasado en múltiples ocasiones el valor de la ley de Moisés y había retado algunas perspectivas religiosas que muchas veces nos mantienen en esclavitud. Pero, la pregunta del estudiante me dio una oportunidad para compartir, no sobre cómo parar de pecar, sino que hacer después de pecar.

A muchos nos enseñaron que necesitábamos reaccionar con arrepentimiento después de pecar. Lo que, por su puesto, es una buena idea. El problema es que también se nos enseñó que el arrepentimiento debía durar mucho tiempo, lo que, en cambio, es una mala idea. La lógica parece ser que mientras más nos torturemos con la vergüenza y remordimiento, mejor nos comportaremos luego.

Sin embargo, la palabra en hebreo para arrepentimiento significa «cambio de dirección». Si caminas por una ruta y de pronto te percatas de que vas directo a una zanja llena de sapos asquerosos que quieren atacarte como una plaga, de seguro te voltearás en dirección opuesta y correrás, los más rápido que puedas.

De igual forma, la palabra arrepentimiento en griego significa «cambiar tu mente y dejar el pensamiento pasado atrás». Ambas, tanto la versión hebrea como la griega, implican una reacción inmediata que cambiará el curso del viaje o el proceso mental.

¿Cómo entonces dejamos de pecar? Un buen comienzo es cambiar de dirección justo cuando fallamos. El trabajo de Satanás es señalar nuestras faltas y celebrar lo bien que fallamos el blanco. Siempre que perdemos nuestro tiempo sintiendo vergüenza y acusación, podríamos pensar que estamos hablando con Dios acerca de la situación, cuando en realidad, estamos hablando con el enemigo. Si no somos cuidadosos podríamos encontrarnos de rodillas frente al dedo acusador, en vez de correr hacia el Padre que ya hizo un camino para nuestra libertad.

«Mis queridos hijos, les escribo estas cosas para que no pequen. Pero si alguno peca, tenemos ante el Padre a un intercesor, a Jesucristo, el Justo. Él es el sacrificio por el perdón de nuestros pecados, y no sólo por los nuestros, sino por los de todo el mundo».[6]

La mejor respuesta, justo después de pecar, es adorar. Debemos reaccionar a nuestra falta de santidad, poniendo nuestros ojos en aquel que es Santo, Santo, Santo. Justo después de caer debemos ir y adorar a Jesús, el que nunca mintió, engañó o robó. No le demos un segundo al enemigo para convencernos de que somos uno con nuestro pecado. Debemos correr al Padre en arrepentimiento, en donde podremos ser recordados de nuestro estatus como el amado.

En cambio, cuando encontramos alivio al sentirnos culpables, exponemos nuestra creencia que no viene de Dios de que podemos ganarle al pecado por nuestra cuenta. Pero, mi amigo, no podemos ganarle al pecado. ¡Para de intentarlo! Adora a Jesús, que ya es victorioso. Regresa al Padre sin titubeos, porque cuando Él te vea regresar, verá a Cristo y hará camino para tu libertad.

Caminando en luz

Dios es luz y en Él no hay ninguna oscuridad. — *1 JUAN 1:5*

Asistí a una escuela católica desde jardín de niños, hasta el cuarto grado. Siempre recuerdo cuan buenas eran las monjas a la hora de hacerme prestar atención a las historias de David contra Goliat, Moisés y el Mar Rojo o Jesús y la resurrección. También recuerdo al sacerdote en toda su indumentaria, mientras miraba al cielo y hablaba palabras que me sumergían y me hacían pensar. Pero, lo que recuerdo con más claridad son las imágenes dentro del edificio durante la misa semanal; los santos con ojos estáticos que me seguían mientras caminaba en la capilla y la figura de Jesús que, delgada y manchada en sangre, me hacia sentir triste por Él y todos los demás.

Con tan sólo 8 años de edad, estaba ansioso por mi primera visita a la cabina de confesión. Sin mucho conocimiento acerca del proceso, la oportunidad de poder entrar a esa caja misteriosa hablaba a mi joven corazón sobre una práctica correcta. Pero nunca entré, la vida cambió de forma drástica para mi mamá durante ese año y comenzamos a asistir a una iglesia carismática, que revelaba al mismo Dios, pero en una luz diferente.

Sin embargo, la confesión de pecado no es una tradición exclusiva del catolicismo; es una instrucción del Nuevo Testamento. La suposición común es que la confesión nos quita poder al exponer nuestra fragilidad. Pero las Escrituras describen la confesión como un acceso al poder. «Confesaos vuestras ofensas unos a otros, y orad unos por otros, para que seáis sanados. La oración eficaz del justo puede mucho».[7]

Confesar significa declarar con libertad, sin reservas; decirlo como es, sin guardar nada. Esta práctica nos permite ser sanos o *iáomai*, un verbo primitivo que se refiere a una sanidad sobrenatural, física y espiritual, que guía la atención hacia Dios. Cuando toda la información que guardamos en secreto queda expuesta, Satanás no tiene rehén con el cual sobornarnos o controlarnos. La oscuridad pierde su fuerza cuando exponemos nuestros pecados ocultos. Así como un pequeño roce de un fósforo tiene el poder creativo para generar fuego y transferirle potestad a una vela para generar luz, la confesión tiene la capacidad de exponer todas las esquinas oscuras de nuestra vida y hacer esta información inútil para el enemigo.

Una cosa es inevitable. Y es que ser hijo verdadero requiere que tomemos las relaciones, de un nivel superficial, a una profundidad que sólo puede hallarse en la luz. «Pero si andamos en luz, como él está en luz, tenemos comunión unos con otros, y la sangre de Jesucristo su Hijo nos limpia de todo pecado».[8] Este tipo de profundidad requiere conversaciones al desnudo; evadir las formalidades de la hipocresía cristiana y decir: «He estado luchando con esto…», en dos minutos, ofrecer un recuento del pecado con el que hemos luchando y confiar en Dios nuestra información.

El Padre espiritual que nos escucha tiene dos opciones: rechazarnos por su falta de compresión de la gracia o admirarnos por nuestra voluntad, apertura y honestidad. De todas formas, tú ganas. Una vez el error está a la luz, nada procedente de oscuridad puede obstruir tu libertad. Caminar en libertad es un regalo para los hijos.

Una nueva expectativa santa

Existe una mentira infiltrada en nuestra generación que asegura que «estamos condenados a una lucha constante con el pecado». Y sí, es cierto que existen luchas y tentaciones legítimas. Sí, somos bombardeados con los valores equivocados y expectativas incorrectas. Y hay placer en el pecado. Pero nuestra amistad con Jesucristo, el Hijo de Dios, es el placer más grande de todos.

Cuando ponemos nuestra vista en Cristo, autor y consumador de nuestra fe, nuestra seguridad de salvación determinará nuestro caminar de amor, no nuestra expectativa de fracaso. Es cuestión de enfoque y atención, ya que todo aquello que tiene nuestra atención, tendrá también nuestro afecto.

La autodisciplina es un fruto del Espíritu[9], no un producto natural de nuestro esfuerzo. Es una consecuencia sobrenatural de nuestra rendición al Padre; el resultado directo de estar en su presencia. Parte de la oración el Padre Nuestro dice «líbranos del mal y no nos dejes caer en tentación». En esa breve porción de las Escrituras, Dios el Padre se comprometió en ir a la batalla por nosotros, en contra de la tentación y los malos caminos. Esta es una cruzada que ya Él ganó a través del sacrificio del Hijo y la podemos recibir por fe, tan pronto lo pidamos. Él «puede guardarlos para que no caigan y establecerlos sin tacha y con gran alegría ante su gloriosa presencia».[10]

Su sangre no ha cesado de limpiar tu pecado y su corazón nunca cambió su opinión sobre ti. Ciertamente, estamos preparados para ser más que vencedores.

Además, de acuerdo a la revelación de Apocalipsis que Juan vio en la isla de Patmos, «Le harán la guerra al Cordero, pero el Cordero los vencerá, porque es Señor de señores y Rey de reyes, y los que estén con Él son *sus llamados, sus escondidos y sus fieles*».[11]

En la escena que describe Juan, el Rey y Señor máximo gana la batalla, y su gente hereda los beneficios y los títulos. Hoy, cuando te mires en el espejo, deshazte de esa esperanza hostil que dice que tendrás que pelear con el pecado de nuevo. Ponte de acuerdo con Dios y declara el anuncio que el Cielo hace sobre ti: *Llamado, escogido y fiel*. Jesús volverá por una novia pura y sin mancha. Así es exactamente como el Padre nos ve a ti y a mí.

Y, de todas formas, si acaso terminas luchando con el pecado y la tentación, comienza a adorar, cambia de dirección y mantente expuesto al Padre de las Luces. Nunca olvides que, si el Hijo te hizo libre, eres verdaderamente libre.

CAPÍTULO SIETE

EL FELIZ NÚMERO 2

Un líder conforme a Dios halla fuerza al descubrir su debilidad,
halla autoridad cuando se encuentra bajo autoridad,
halla dirección al rendir sus planes,
halla visión cuando ve las necesidades de otro,
halla credibilidad cuando se convierte en un ejemplo,
halla lealtad cuando expresa compasión,
halla honor cuando es fiel,
halla grandeza cuando se comporta como un siervo.

— *ROY LESSIN*

La historia de Josué fue una llena de destino profético. Fue un hombre valiente, determinado y confiado en la dirección de Dios. Fue comandante en la primera batalla que Israel estuvo involucrado tras su salida de Egipto. Respondió a la duda de otros líderes con una fe extravagante y fue más leal a su líder Moisés que ningún otro hombre durante la travesía del pueblo de Israel por el desierto.

De toda una generación, sólo a dos personas se les permitió entrar a la tierra prometida. Josué fue uno de ellos. También fue uno de los dos hombres a los que se les concedió acercarse a la montaña donde Jehová manifestó su presencia con todo su esplendor. Y como si todo eso no fuera suficiente, él fue el único implicado en todas las historias del Éxodo.

Sin embargo, cuando el autor del libro de Josué decidió definir la identidad de este hombre, no utilizó la palabra *líder* o *comandante*, tampoco pensó en *campeón* o *profeta* y ni siquiera consideró el significado de su nombre, *Jehová es mi ayuda*. El primer verso del libro que lleva su nombre lo identifica como «el hijo de Nun, el asistente de Moisés».

> Después de la muerte de Moisés, siervo del Señor, Dios
> le dijo a Josué hijo de Nun, asistente de Moisés: «Mi
> siervo Moisés ha muerto».[1]

¡Qué comienzo! La oportunidad de Josué para brillar fuera de la sombra de su antecesor, su turno de llevar al pueblo de Dios hacia la próxima temporada de conquista. Y aún así, tuvo que escuchar una vez más, *Moisés es el siervo del Señor*. El título supremo no se traspasó junto con la posición de liderato, sino que fue reservado para su padre espiritual.

¿Podría ser posible que, aún después de toda la fidelidad de Josué, Dios todavía alardeara de su siervo Moisés, el hombre que se enojó y le fue prohibido entrar a la tierra prometida? Moisés fue un hombre de

Dios épico, pero tenemos que darle crédito a Josué. Este es el primer capítulo del libro titulado con *su* nombre, sin embargo, el nombre de Moisés se menciona más en sus primeros cinco versos que en ningún otro capítulo de los cinco libros anteriores.

> *Moisés* mi siervo esta muerto; ahora ve y levántate (v2)
> Como le dije a *Moisés* (v3)
> Como estuve con *Moisés* (v5)
> Como *Moisés* mi siervo te ordenó (v7)

Se trataba del primer encuentro directo entre el Dios de Israel y el nuevo líder de su pueblo. Era la oportunidad perfecta para que el Señor estableciera credibilidad y hablara identidad a Josué, era el momento perfecto para que su Padre lo hiciera sentir confiado en su nueva posición de liderato. Pero las palabras del Señor sonaron como una prueba de humildad y carácter, en vez de un traspaso de autoridad.

Aun así, cuando a Josué le tocó expresarse, estas fueron sus palabras:

> Recuerda la palabra que *Moisés*, el siervo del Señor te
> ordenó (v13)
> En la tierra que *Moisés* te dio (v14)
> La tierra que *Moisés*, el siervo del Señor te dio (v15)

Sin duda, el nuevo líder ganó la batalla por su corazón; pasó la prueba con honores. Josué confirmó el orden de la herencia de Dios. Entendió que su servicio a Moisés fue la fuente que le otorgó autoridad en su nueva posición, no como el siervo de Dios, sino como el asistente de Moisés.

Josué es un tipo de Cristo, un líder que no vino para sí mismo, sino que fue enviado por el Padre para traer a sus hijos a la tierra prometida. Él no titubeó en ir en el frente de batalla cuando Moisés dio la orden para pelear. Fue el único dispuesto a acompañarlo a la terrible montaña. Fue a quien se le cambió el nombre de *Oseas* a Josué, por revelación de Moisés. Fue el que tuvo que permanecer cerca de la carpa de Moisés para poder disfrutar de la gloria que visitaba a su líder. Fue aquel que estuvo dispuesto, tras dejar una vida de esclavitud en Egipto, a convertirse en el siervo del hombre que Dios escogió para libertarlos.

De igual manera, como líder, como campeón e Hijo, Jesús también es *el siervo de Dios*.[2] Además, declaró su condición de siervo para nosotros, cuando dijo: «Sin embargo, yo estoy entre ustedes como uno que sirve».[3] A lo único que Jesús nunca rindió su servicio fue a su propia agenda.

¿Y qué si este fuera tu destino? ¿Qué tal si el título designado para ti fuera el de siervo? ¿Cómo manejarías la idea de vivir y morir bajo la sombre de otro hombre? Quizá la clave para recibir el poder del liderazgo sea morir a nuestra búsqueda de títulos y posición. Quizá esta debería ser tu historia.

La próxima vez que leas las hazañas de Josué recuerda que él no era el siervo de Dios, Moisés lo fue. Josué sólo siguió a su líder y se convirtió en la manifestación de las promesas que Moisés recibió en la montaña, para los israelitas.

Así como Josué fue *un feliz número dos*, Jesús *es un feliz número dos*. ¿Y tú, lo eres?

El día en que morí

Tan pronto entramos por la puerta, escuchamos la adoración, sentimos la presencia de Dios y supimos que estábamos en nuestra casa. Para Catherine y para mí era apenas nuestro primer año de matrimonio y encontramos, a través de un amigo mutuo, la congregación Pabellón de la Victoria en Camuy, Puerto Rico.

El primer día, pastor Tito Cabán y su esposa, Sandra, nos dieron la bienvenida y tan pronto nos abrazamos sentimos una conexión profunda. Pasamos de esa primera visita a compartir todos los fines de semana y luego, a convertirnos en pastores de jóvenes en menos de cuatro meses. Esta increíble pareja construyó un camino para nosotros, no sólo como líderes en su casa, sino como parte de su familia.

Catherine y yo llegamos en un tiempo de transición difícil, pero emocionante. El primer domingo que visitamos, la iglesia despedía al último remanente de líderes que no estaba de acuerdo con el amor de sus pastores por el mover del Espíritu. Tito y Sandra escogieron el río de la presencia de Dios por encima de cualquier otra cosa y aún algunos buenos amigos que caminaron junto a ellos en el pasado decidieron seguir aparte su camino.

Durante nuestro tiempo de servicio en Puerto Rico, Dios nos puso en un viaje de crecimiento que todavía produce fruto en nuestras vidas. Predicamos el mensaje del amor del Padre en cada oportunidad que se nos brindó. Ministramos sanidad para el corazón de los líderes y la congregación. Empezamos a alcanzar a los más pobres de la ciudad. Comenzamos a ver señales y prodigios en todas nuestras reuniones. Escribimos canciones, grabamos un álbum de adoración y trajimos a algunas de las personas más ungidas del planeta a compartir su mensaje con la iglesia local.

Tito y Sandra son personas humildes y enseñables que hicieron espacio para nuestros dones y nosotros hicimos espacio en nuestras vidas para los de ellos. Su liderazgo y su pasión por Jesús habilitó el camino para un mover legítimo de Dios que continúa hasta el día de hoy.

Sin embargo, luego de tres años de increíble amor y unidad, me convencí de que todo lo bueno que sucedía en aquel lugar era por mí. Estaba engañado hasta el tuétano y me la pasaba molesto los domingos en la mañana. Podía escuchar mis pensamientos mientras criticaba todo lo que hacía el resto de los líderes: «La charla para la ofrenda es muy larga. No estamos ministrando suficiente acerca del corazón del Padre. Esta adoración no va para ninguna parte».

Mi orgullo no paraba de hablar. Tito predicaba mensajes frescos y profundos, pero yo no podía ver lo bueno en ellos. Durante la ministración, sucedían milagros que nunca había visto en mis ministraciones, pero yo sentía que, de alguna forma, me robaba, torcía mi revelación y, para completar, obtenía mejores resultados que los míos. Comencé a creer que algo estaba mal, que alguien debía corregirlo. «Él sólo necesita más sanidad del corazón —susurraba el orgullo a mi oído— no estamos enfocándonos en las cosas correctas. Deben hacer esto, aquello, lo otro». Mis argumentos sonaban espirituales, pero estaban llenos de celos y contienda.

Un domingo en la mañana pensé: «¡*Wow*! Hoy están esforzándose tanto. Voy a tener que enseñarles como descansar en su presencia». Así que me senté en las frías losetas del suelo de la iglesia. Mientras descansaba y pretendía estar en lo correcto, vi una imagen de la Trinidad que caminó junto a mí. El Padre, el Hijo y el Espíritu Santo se acercaron desde el este y el oeste. Pude ver como el Padre se sentó en el suelo y puso sus manos sobre mi pecho. El Hijo se sentó cerca de mi cabeza y comenzó a acariciar mi cabello. Mientras el Espíritu Santo se movía a mi alrededor con fuego, viento y gloria. ¡Fue una emboscada santa!

Justo entonces, me percaté que Dios se había acercado con amor para sacarme de mi orgullo y traerme de vuelta a la vida. Y es que el Padre está más interesado en nuestros corazones que en nuestro ministerio. A Él le importa más nuestro carácter e integridad que nuestra unción o llamado. Pero resulta impresionante cómo el ministerio y la unción proveen el escenario perfecto para revelar nuestro carácter, de manera que nuestro corazón pueda ser sanado.

«¿Por qué estoy aquí? ¿Estas personas ya no quieren escuchar mi mensaje, por qué no me das una iglesia para dirigir?» reclamé, mientras compartí justo lo que sentía, sin pasarlo por mis filtros religiosos. Estaba molesto y frustrado. Las cosas no salían a mi manera. Sentía que la gente no valoraba mi llamado o mi mensaje. De alguna manera, necesitaba hacerle entender a Dios que Tito estaba en un error y que yo estaba en lo correcto.

Mientras le expresé a Dios mis quejas, comenzaron a acumularse lágrimas de decepción en mi ojos. El Padre escuchó, a Jesús le importó y el Espíritu Santo estuvo atento. Entonces, debido a su naturaleza amorosa, Dios me hizo la pregunta más reveladora: «¿Qué dirías si te pido que seas *el número dos* para Tito por el resto de tu vida?»

¡Ay, qué dolor! Ahora sí, no quedaba duda en mi mente sobre la legitimidad de la experiencia. Nunca me hubiera metido, de forma voluntaria, en este aprieto. Sólo Él sabe ser así de paternal y provocador al mismo tiempo.

Hijo mío, no menosprecies la disciplina del Señor, ni desmayes
cuando eres reprendido por Él; Porque el Señor al que ama,
disciplina y azota a todo el que recibe por hijo.

— *HEBREOS 12:6-10*[4]

Ya a este punto de la experiencia era obvio que no podría ganar nada, excepto la muerte a mi inmadurez y al orgullo. No podría levantarme del suelo sin antes rendirme, y no sólo a Dios, sino también para servir a mis semejantes.

Entonces, Jesús se inclinó sobre mí y mientras miraba directo a los ojos de su Padre, dijo: «Amo estar en el segundo lugar». Mi corazón se dolió. Yo sabía muy bien lo que me pedía. Ellos querían que fuera Josué, pero mi anhelo era ser Moisés. Querían que ejerciera el rol de siervo, pero me apasionaba el trono.

Desde el primer día que me involucré en los asuntos de la iglesia deseé estar en el ministerio; tenía esperanzas épicas sobre el trabajo que haría para Dios. Pero mi meta se convirtió en ambición. La ambición se convirtió en orgullo y la vanidad contaminó mi corazón. Así que el Padre tuvo que preguntar una vez más: «¿Estás dispuesto? Mi hijo siempre estuvo dispuesto a ser número dos, por la eternidad. ¿Te unirías a Él?»

Por treinta segundos permanecí en modo de defensa. Me sentí atacado y temí perder mis sueños. Traté de explicarme las razones lógicas para rechazar la oferta. Quería escapar el momento, desecharlo todo como una experiencia de falsa humildad, producto de mi imaginación. Así que recordé todas las palabras proféticas sobre mi llamado, las misiones, sembrar iglesias y las cruzadas. Y me pregunté,

«¿cómo haré todo esto si soy el número dos? No, Padre, —respondí con lágrimas de amargura— no creo que pueda».

Entonces, me detuve al escuchar mi voz. Sonaba como un huérfano que mendiga pertenencia. Sabía que estaba equivocado y que lo que hacía era pecado. Así que, tomé un respiro profundo y sentí la dulzura de Dios rodearme. Allí en el suelo, mientras contradije a Dios, abracé mi ambición y traté de impedir mi muerte, Él me amó y mostró compasión en mi debilidad. En respuesta, lo mejor que pude hacer fue reconstruir mi contestación y dije:«Dios, no creo que esté preparado, pero quiero estarlo. Enséñame a ser el número dos».

La Trinidad sonrió.

De inmediato, Jesús se inclinó sobre mí y me contestó: «Amarás ser el número dos». Cuando mi alma escuchó el sonido de su voz, todo se detuvo. Su argumento fue como un susurro que inició un tornado. Sentí como si mi corazón hubiera sido arrancado de mi interior, y, en un instante, fui transformado para siempre.

Mientras tanto, sollocé y traté de decir lo más fuerte que pude: «Estoy dispuesto Padre, hazme el número dos». Estuve alrededor de 20 minutos llorando el dolor y reviviendo el gozo de la rendición. Me levanté y todo lucía diferente. La adoración sonaba divina, el sermón de Tito entró directo a mi espíritu. Ya no había paredes entre nosotros. Salí del templo más vivo que nunca. Desde ese momento en adelante, me convencí, de todo corazón, que si Dios me pedía que fuera el siervo de este hombre, amaría ser su "número dos", aunque tuviera que hacerlo por el resto de mi vida.

Éxito

Mi nueva realidad no tenía nada que ver con una humildad manufacturada en mi mente. Mi experiencia con la Trinidad fue una invitación a manifestar verdadero honor y vino como regalo de Dios a mi corazón. Este Jesús que me invitó a ser el número dos fue el mismo que le dijo a sus discípulos: «Y el que quiera ser el primero deberá ser siervo de todos».[5]

Repetidas veces en los Evangelios podemos leer cómo los discípulos discutieron sobre su posición de honor, asignada. Peor aún, su sed por títulos no parecía ser sólo instinto mundano, sino un comportamiento aprendido. En otra porción de los Evangelios podemos ver cómo la madre de Juan y Santiago se arroja a los pies de Jesús y le ruega por un trono para sus hijos. La petición causó que el resto de los discípulos se indignara y no precisamente por la falta de madurez de los dos «nenes de mami». Los otros diez discípulos se preocuparon por la posibilidad de que esos dos tronos no estuvieran disponibles para ellos.

Aunque Jesús no tronchó su búsqueda de grandeza, redirigió su anhelo hacia la senda correcta. El único rey verdadero tuvo que enseñar a estos hombres el liderazgo de servicio y recordárselo de manera continua. «Porque ni aun el Hijo del hombre vino para que sirvan, sino para servir y para dar su vida en rescate por muchos».[6]

Jesús no vino a levantar líderes para dominar sobre la sociedad, iglesia o uno sobre el otro; vino a rescatar a los pecadores, revelar al Padre e invitarlos a servir. Sus métodos no se basaron en el viejo modelo de liderazgo. Jesús lavó los pies de sus discípulos, dio su vida y aún hoy nos sirve cuando intercede por nosotros ante el Padre.

Siempre hubo presión por parte de los seguidores de Jesús para que éste les diera poder y no para el bien de otros. Vemos este patrón en todas las naciones, en cada denominación u organización. Muchos líderes que comienzan con motivaciones correctas, terminan en el camino equivocado. El deseo del servicio público se transforma en trabajo corrupto. Las buenas intenciones albergadas en un corazón huérfano se convierten en genocidios. Los hombres jóvenes, en su esfuerzo por traer cambios significativos, terminan por convertirse en asesinos en masa o dictadores con «éxito».

El espíritu de religión y política contamina el corazón de muchas personas bien intencionadas y crea un ejercito de engañadores que gobierna a través de la injusticia y el fraude.

De hecho, el problema no es que esto le *puede* pasar a cualquiera, sino que le *ha pasado* a demasiados. El poder y el orgullo son una combinación mortal. Cuando no somos capaces de reconocer nuestra sed innata por el poder, somos engañados de manera fácil a creer que nuestra búsqueda de supremacía es virtuosa. Podemos trabajar sin detenernos para convertirnos en rey, pero nunca dejaremos de ser esclavos del trono que perseguimos.

En el Cielo la fórmula para el éxito es diferente. Esa es la razón por la que Jesús jugó al revés todas sus cartas. Él dejó su trono para convertirse en siervo y murió una muerte de siervo. Nadie pudo describirlo mejor que Pablo en su carta a los Filipenses:

> No hagan nada por egoísmo o vanidad; más bien, con humildad consideren a los demás como superiores a ustedes mismos. Cada uno debe velar no sólo por sus propios intereses sino también por los intereses

de los demás. La actitud de ustedes debe ser como la
de Cristo Jesús, quien siendo por naturaleza Dios, no
consideró el ser igual a Dios como algo a qué aferrarse.
Por el contrario, se rebajó voluntariamente, tomando
naturaleza de siervo y haciéndose semejante a los seres
humanos. Y al manifestarse como hombre, se humilló
a sí mismo y se hizo obediente hasta la muerte, ¡y
muerte de Cruz!..[7]

Los grandes hombres de este mundo, por lo general, son aquellos que se
mueven de la preocupación sobre *todo lo que es bueno para mí,* al placer
de preocuparse sobre *todo lo que es bueno para los demás.*

Que tal, si en vez de ver a nuestro jefe como el insoportable
número uno, nos vemos nosotros mismos como el feliz número dos.
¿Y qué, si en vez de demandar que se nos trate como un número uno
en casa, nos vemos como un feliz número dos para nuestra familia?
Qué tal, si en vez de ser el crítico número uno de nuestro pastor, nos
convertimos en un entusiástico número dos, a su servicio.

Todo aquel que quiera ser el número uno, debe ser el último y el
siervo de todos. Así que avanza, hijo e hija, muestra tu medalla de plata.
El diseño de Dios nunca fue que alguien estuviera justo en el tope. Ese
lugar le pertenece sólo a Él. Deja que su falda sea tu trono; que sus
rodillas sean tu lenguaje y que su poder sea tu gloria. De todas maneras,
cuando tu identidad se basa en ser un hijo, tu título siempre será *siervo.*

CAPÍTULO OCHO

¿DE QUIÉN ERES HIJO?

¡Lo más triste de no tener padres es no tener un padre a quien honrar! — TRACEY ARMSTRONG

En esta generación sedienta de un padre, donde la comparación es la fuente de la mayoría de nuestras angustias, sería injusto encontrar a un hijo talentoso, apuesto y ADEMÁS, ungido. Sobre todo, cuando el resto de nosotros tiene que conformarse con saber que apenas disfruta de una de las tres características.

Sin embargo, la Biblia cuenta sobre un hombre que poseía todas esas cualidades y aun más. Este espécimen se llamó David. Y como si su impresionante naturaleza no bastara, fue hecho rey de Israel sin hacer nada para merecerlo. Lo único que las Escrituras sí aseguran es que era un hombre conforme al corazón de Dios.

Las historias relacionadas a David, «el Amado», hablan sobre un pastor muy capaz, al que le fueron confiadas cientos de ovejas; un centinela que mató osos y leones para proteger las posesiones de su padre. Saúl, el primer rey de Israel, conocía a David por su destreza como escritor de canciones y artesano de instrumentos musicales. El joven producía sonidos con el arpa, capaces de ahuyentar los espíritus malignos que atormentaban a Saúl. Y aunque ante los ojos de su familia siempre fue «el pequeño», la historia lo recuerda como el niño que mató al gigante.

Para el tiempo en que Israel estaba en guerra con los filisteos, el rey Saúl se enfrentó con una de las decisiones más difíciles de su mandato; escoger un guerrero que enfrentara al gigante Goliat y permitir que ese hombre se encargara de traer la victoria al pueblo de Israel. En una nación de miles, de seguro algún hombre fornido, con destrezas para la batalla y una fe inigualable se ofrecería para la misión. ¿Por qué no? Esa siempre fue la historia de Israel; la nación que va a la guerra y YAHWEH gana sus batallas.

Sin embargo, por 40 días esperaron y nadie se ofreció para enfrentar al filisteo. Ni siquiera el rey dio un paso al frente; el hombre más alto y fuerte en la tierra; el hombre con la palabra profética, el título y el apoyo sobrenatural del Reino de los Cielos; el escogido por Dios, ungido por Samuel y coronado como el primer monarca de Israel.

Saúl perdió la oportunidad de dirigir con su ejemplo, la única táctica legítima para ejercer liderazgo. Prefirió enviar a un pastor al campo de batalla; un joven sin entrenamiento en el arte de la guerra, menospreciado por su propia familia. El rey envió a un niño, al que conocía sólo como músico, a enfrentar a un enorme soldado; al gigante al que se suponía enfrentara él.

David prosiguió a la batalla sin la armadura que le ofreció el rey Saúl. El niño entró al campo con un grito de guerra más poderoso que el rugido de la multitud al frente de batalla: «El Dios que me libró de las guarras del león y del oso también me librará de la mano de este filisteo».

Entonces, la Biblia narra la parte más interesante y desconocida de esta historia:

> Anteriormente Saúl, al ver a David enfrentarse con el filisteo, le había preguntado a Abner:
>
> —Abner, ¿quién es el padre de ese muchacho?
>
> —Le aseguro, Su majestad, que no lo sé.
>
> —Averíguame quién es — le había dicho el rey. Tan pronto como David regresó después de haber matado Goliat, y con la cabeza del filisteo todavía en la mano, Abner lo llevó ante Saúl.
>
> —¿De quién eres hijo, muchacho? — Le preguntó Saúl.
>
> —De Isaí de Belén, servidor de Su Majestad — respondió David. [1]

Saúl se sentó en su trono, bajo una carpa especial, diseñada para la realeza. Se rodeó de sus siervos y consejeros más sabios. Observó cuando David, al lanzar la piedra y tomar posesión de la espada del gigante, transfirió la ola de miedo del campo de Israel, hacia el de los filisteos. El pequeño guerrero provocó un cambio repentino en la atmósfera; una transferencia de valor. El miedo ya no era el veneno que respiraban los israelitas. La valentía de aquel joven se convirtió en la fe de todo su ejército.

En medio de la embriaguez de la victoria, el rey Saúl necesitaba saber una cosa. Sólo una pieza de información podría explicar aquella serie de eventos insólitos. El rey no necesitaba saber cuánto David oraba o las canciones que escribió. Saúl no estaba preocupado por su llamado o por sus palabras proféticas. No hubo felicitaciones o un protocolo de gratitud. Mientras el niño regresaba del campo de batalla con la cabeza de Goliat en la mano, Saúl, desesperado, preguntó: «Joven, ¿de quién eres hijo?»

Saúl necesitaba saber, quién era el padre de aquel muchacho que actuaba en la forma en que el rey debió de actuar desde el principio. En su mente, la única cosa que podía explicar la bravura de aquel niño, su fe y la disposición para pelear, cuando nadie más lo hizo, tenía que ser su progenitor. ¡Tenía que ser así! Los débiles no procrean verdugos de gigantes. Los cobardes no crían guerreros. Este hijo, que cargó la nación en sus hombros, era la evidencia de un padre valeroso.

Por tal razón, cuando la tierra aún se sacudía y el ejercito de Israel aplastaba a lo filisteos, David, sonrió con fe y le dijo: «Yo soy hijo de tu siervo Isaí de Belén». Si queremos conocer la fe del hijo, es preciso conocer a su padre. La indagación del rey Saúl, sobre el padre biológico de David, es una de las preguntas más reveladoras de la Biblia.

Sin embargo, muchos de nosotros pretendemos alejarnos de cualquier cosa que nos relacione con nuestros padres. Nos negamos a pensar que todo lo que podemos hacer hoy se lo debemos a ellos. Nos gustaría que fuera de otra forma; haber hecho hombres de nosotros mismos, que nuestras habilidades fueran aprendidas y no enseñadas. Muchas veces, parece que nuestra misión en la vida es probar que somos huérfanos.

Sin embargo, la identidad es un depósito, la autoridad es

delegada y el coraje se aprende. Pero, la buena noticia es que nuestro verdadero padre es el comandante de los ejércitos en los cielos. Y como consecuencia, fuimos destinados para el éxito. Si en verdad somos hijos de Dios, entonces nuestras victorias no son el resultado de nuestro esfuerzo, sino consecuencia de nuestro estatus como hijos.

El valor que David demostró en el campo de batalla fue el fruto de su fe, alimentada a través de la raíz de la adoración. Él sabía de lo que Dios era capaz, no porque había matado leones y osos en el pasado, sino porque había conocido el corazón de Dios en medio de su adoración, y encontró favor en el deleite de su Padre.

Dios, su padre

Etán fue salmista de la tribu de Leví, un líder distinguido por su sabiduría y que tuvo revelación sobre la relación entre Dios y David. Este hombre escribió el Salmo 89, verso 26, en tributo a esa relación y con el fin de que su conexión también pudiera ser nuestra. Obtuvo su inspiración del rey terrenal que dependió del Rey de los Cielos, el guerrero que puso su confianza en el Salvador, el hijo que clamó: «Tú eres mi padre, mi Dios, la roca de mi salvación».[2]

David poseía una revelación profunda sobre la paternidad de Dios. Tanto así, que declaró: «Tan compasivo es el Señor con los que le temen, como lo es un padre con sus hijos».[3] Escribió canciones íntimas sobre el amor y protección que conoció de Jehová. Caminó en una revelación adelantada a sus tiempos. Actuó como un adorador del nuevo pacto. Habló con Dios como un amigo y no como un siervo. Esperó perdón de Dios al arrepentirse de sus pecados. Confió al Padre su trono terrenal y obtuvo uno por la eternidad. Y aun tras el abandono de sus padres terrenales, sus expectativas se basaron en la convicción de que: «Padre de los huérfanos y defensor de las viudas es Dios en su morada santa».5

David, «el Amado», fue un hombre sediento de la presencia de Dios, que preparó el camino para que otros encontraran su gracia. El cantautor, convertido en pastor y luego en rey de Israel, tenía un entendimiento especial sobre todo lo que esta disponible para los que caminan como hijos delante de Dios. La cercanía de su relación, no sólo lo afectó a él, sino a Dios mismo.

De hecho, fue David el que escogió a Jerusalén como capital del reino de Israel. Y como padre que ama complacer a sus hijos sobre el lugar donde vivirán, Dios vio su elección con buenos ojos. En honor al hombre que vivió como un hijo para el Padre, la Biblia menciona el tabernáculo de David como el trono donde Jesús está sentado por la eternidad.[4]

Nosotros celebramos a David, el hombre que quiso construir una casa para el Señor, pero en realidad fue Dios el que quiso edificar una casa para su «Amado». Esta profunda conexión desconcierta a los estudiosos de la Biblia. Basado en los recuentos de sus faltas, no había razón para que el Padre tratara a este hombre como su favorito. Sin embargo, David fue su preferido; no porque Dios *tenga* favoritos, sino porque que hay personas que viven como si lo fueran y al final eso es lo que hace la diferencia.

Isaí, su padre natural

La relación entre David y su padre, Isaí, no era del todo normal. Había algo peculiar en la forma que Isaí trataba a su hijo menor. Evidencia de ello se encuentra en el relato bíblico, en que el profeta Samuel invitó a la familia de David a un sacrificio de santificación tras recibir instrucción de Dios para bendecir a uno de los hijos de Isaí como rey de Israel. Aun cuando el profeta le pidió al padre que le presentara a todos sus hijos, Isaí tomó la decisión de no mandar a buscar a David, sino hasta que Samuel le preguntó: «¿Estos son todos tus hijos?».

Al no avisar a David, Isaí envió un mensaje claro a su hijo y al resto de la familia. No en balde, David fue despreciado por sus hermanos. Después de todo, esa era la norma establecida por su padre.

Sin embargo, David nunca negó su lugar en la casa de Isaí, vivió como un hombre agradecido por lo que recibió bajo su tutela. En múltiples ocasiones, se refirieron a él como su hijo y nunca trató de negarlo o corregirlo. Luego de su victoria contra Goliat, cuando el rey Saúl le preguntó quién era su padre, David no tardó en contestar: «Yo soy hijo de tu siervo Isaí de Belén».

Aun cuando el rechazo tocó a la puerta de su corazón, David respondió con misericordia. Pues, cuando el rey Saúl lo persiguió para matarlo, David le pidió al rey de Moab que protegiera la vida de su padre.[6] Y cuando le tocó atender su conflicto con el rey Saúl, su forma de manejar la situación se convirtió en el ejemplo a seguir para trabajar con relaciones en donde la figura paterna parece inalcanzable, más allá de redención o mentalmente desequilibrada.

Pero lo más importante, la clave del éxito de David, se encuentra en la calidad de la relación con su otro Padre. Mientras David fue rechazado en su hogar, se conectaba en los campos con Dios como padre. En el Salmo 23, el joven logró plasmar la historia detrás de lo que aparentó ser una temporada de rechazo, por parte de Isaí, su padre. Su soledad se convirtió en un lugar de descanso, donde descubrió la bondad del Dios el Pastor y con ella su sanidad. De manera que todo trabajó en conjunto para el bien de este hijo amado.

Saúl, su padre espiritual

He aquí han visto hoy tus ojos cómo Jehová te ha puesto hoy
en mis manos en la cueva; y me dijeron que te matase, pero te
perdoné, porque dije: No extenderé mi mano contra mi señor,
porque es el ungido de Jehová. Y mira, padre mío, mira la orilla
de tu manto en mi mano; porque yo corté la orilla de tu manto,
y no te maté. Conoce, pues, y ve que no hay mal ni traición en
mi mano, ni he pecado contra ti; sin embargo, tú andas
a caza de mi vida para quitármela.

— I SAMUEL 24:10-11

La historia de Saúl y David es una de celos tornados en rechazo y rechazo exaltado al nivel de una cacería viciosa. El adorador que tocaba el arpa y libertaba al rey de lo espíritus que lo atormentaban, el joven que se casó con su hija y se convirtió en un hermano para sus hijos, ahora tenía que ocultarse en una cueva para salvar su vida. ¿Cómo podía odiar Saúl a David al nivel de lanzar jabalinas hacia su cabeza? El rey desquiciado no quería más que aniquilar a David, cuando su yerno sólo quería honrarlo.

En el clásico libro, *Perfil de Tres Monarcas,* el pastor y autor, Gene Edwards escribió: «¿Cómo puede uno conocer el tiempo correcto para apartarse del ungido de Dios? David nunca tomó esa decisión. El ungido del Señor la tomó por él. ¡El decreto mismo del rey resolvió el asunto! "Persíganlo y cácenlo como a un perro". Sólo entonces David se marchó, y se fue solo.»

De alguna manera, a través de toda esta historia de dolor, David logró ver a Saúl como un padre digno de honor y alianza. Podemos leer en Samuel 24 que, David tuvo la oportunidad de matar al rey y acabar con la locura. El pueblo le hubiera agradecido por la liberación de su dictadura. La mayoría de los soldados se hubieran unido a las filas de su ejército. Al entrar por la puertas de la ciudad, miles de personas lo hubieran recibido con canciones de gozo. Los profetas estarían contentos con el cumplimiento de la profecía de Samuel y el comienzo de una nueva primavera.

Algunos animaron a David para que se deshiciera del rey. Buenos amigos, que en ocasiones anteriores le sirvieron como consejeros sabios, le pidieron a David que terminara con la temporada de dolor que vivían. Pero David tomó la decisión correcta, preservó la vida del rey y, en cambio, salvaguardó también su corazón. En contra de toda su naturaleza humana, que clamaba por justicia, el escogido de Dios decidió honrar al rechazado.

David rindió honor al padre que Dios escogió para él. Y pese a su condición mental, David respetó a Saúl, la autoridad sobre la tierra en que David vivió; el gobernador sobre el trono que David heredó; padre de su esposa y de su mejor amigo.

Así como David lo hizo, nosotros también tendremos que tomar decisiones importantes en la cueva del rechazo. En ese lugar, lo justo tomará un segundo lugar ante la lealtad. Y cuando decidamos no levantar nuestra mano, palabra u orgullo en contra del ungido de Dios, nos colocaremos en posición para recibir nuestro salmo de liberación.

> *No hay sonido de trompeta cuando tomamos las decisiones más*
> *importantes de nuestra vida.*
> *El destino se hace conocer de forma silenciosa.*
> —— *AGNES DE MILLE*

Tu padre (y el mío)

«¿De quién eres hijo?» Esta pregunta siempre es un reto para mi corazón. Tras años de ser parte del avivamiento en Toronto, donde recibí el favor de hombres y mujeres de Dios que desbordaron su dones en mí, me encontré en una carpa sentado, lleno de promesas, títulos y palabras proféticas, confrontado por el miedo, vergüenza e inhabilidad para responder.

En el año 2004, luego de más de tres años de disfrutar el río que fluía de forma constante en *Toronto Airport Christian Fellowship*, me encontré de vuelta en casa merodeando en el desierto del pasado. Para entonces, vivía con mis padres, desconectado de mi iglesia y sin invitaciones para compartir el mensaje que ardía en mi interior. A nadie le importaba que hubiera sido el practicante de John Arnott. A nadie le interesaba escuchar sobre mis viajes a Indonesia, Ucrania o Kenia. Los milagros, señales y prodigios que cambiaron mi vida para siempre, no podían importarle menos.

Estaba de vuelta en casa y me sentía como un don nadie. Aun cuando había compartido el mensaje del amor de Dios y sabía, de manera teológica, que mi identidad no estaba determinada por lo que hiciera, me sentía falto de amor e insignificante. El mensaje del amor del Padre que prediqué se convirtió en información con fecha de expiración vencida: inútil para mi etapa presente.

Era como si nunca hubiera escuchado el mensaje. Sentía que no era un hijo; que no era amado y que no había sido escogido. Por días, semanas y meses esperé sentir lo que una vez sentí en Toronto. Quise experimentar el abrazo de Dios, anhelé la aprobación de los hombres y el honor de mis líderes. Pero, estoy agradecido de que no sucedió.

Con lágrimas en mis ojos traje mis quejas a Dios y crujiendo mis dientes pregunté: «¿Dónde estás? ¿Cómo es que no siento nada? ¿Dónde están mis amigos, mis pastores, mi iglesia y aun mi familia?» Pero, una vez tras otra, Dios contestó con una pregunta: «¿Todavía eres mi hijo? Cuando nadie mira, cuando nadie responde a tus mensajes, cuando nadie se sana a través de tus oraciones, cuando nadie habla vida o da impulso a tu destino, ¿De quién eres hijo?».

A través de esta temporada tuve que aprender que mi identidad no depende de mi trabajo, sino que descansa en el amor de Dios. Sólo hasta entonces, la información sobre el amor de Dios, que una vez revolucionó mi vida, comenzó a ser revelación que sanó mi corazón. Y no fue hasta entonces que pude declarar con convicción: «No importa quién esté observando, Padre, yo todavía soy tu niño. Yo soy Carlos Alberto, el hijo de Dios el Padre».

Entonces, acepté mi lugar en la casa de mi padre terrenal. Detuve la lucha contra mi propia familia y comencé a honrarlos desde mi corazón. Comencé a sentir el consuelo de Dios y su consuelo me llevo a sentirme cómodo en la temporada que vivía.

En ese lugar del rechazo descubrí lo que Dios quería de mí; no mis obras, no mis sermones, ni si quiera mi buen comportamiento. Él sólo me quería a mí.

Nuestro deseo como hijos de Dios debe ser la búsqueda de una historia personal de sanidad, una identidad sellada y un destino revelado. Al intimar con nuestro Padre, también conoceremos nuestra parte como hijos. Y al conocer nuestro rol de hijo al fin podremos reinar como reinas y reyes.

En la vida de David, el fruto de caminar en calidad de hijo para con Dios el Padre y líder fue:

- Convertirse en el segundo rey del reino unido de Israel.
- Convertirse en un gobernador y estratega que trajo fama, poder y provisión a su pueblo.
- Lograr muchos años de paz.
- Aumentar las riquezas de la tierra.
- Devolver la presencia manifiesta en el arca.
- Viabilizar la construcción de la casa de adoración más grande que este mundo roto haya visto.

David falló en su moral, abusó de su poder y rompió su pacto con Dios. Pero de alguna forma, aun cuando su pecado lucía peor que el de cualquier otro personaje en las Escrituras, Dios mantuvo un lugar especial para él. Aunque pagó un alto precio por cada una de sus faltas, ninguna lo descalificó como hijo. Esa fue su identidad, no quien trataba de ser. Ser «hijo» era lo único que entendía de sí mismo. David sabía la contestación a la pregunta del rey. Él era el hijo de un Dios de compasión; hijo de Isaí de Belén, que lo entrenó como pastor, e hijo de Saúl, el rey que lo bendijo para gobernar.

David también se convirtió en un padre excelente, que es la señal de un buen hijo. Dirigió a su hijo Salomón para que fuera más grande que él y, en respuesta, Salomón se convirtió en un padre fenomenal. Escribió los libros Proverbios y Eclesiastés, no como una lista de cosas que debemos intentar de forma sabia, sino como una invitación para su hijos a vivir una vida santa. Se trata de la recolección de sus andanzas (repletas de errores) con oportunidades para aprender, de parte de un padre, para su hijo. Entonces, estas se volvieron palabras del mismo Dios, el padre más sabio de todos.

Ahora ve y sé el hijo que no tiene nada mejor que dar, que su respuesta a esta pregunta: «¿El hijo de quién eres?»

Tu grandeza está oculta en la respuesta.

CAPÍTULO NUEVE

SER HIJO PARA LOS TUYOS

Es sabio para un padre conocer a su hijo.
Pero es más sabio para un hijo tomarse el tiempo
para conocer a su padre.

— ANÓNIMO

Aunque los israelitas eran prisioneros del Imperio Romano, aún celebraban la libertad de la opresión de Egipto. De manera que, todos los años, Jesús viajaba 5 millas a pie para participar del pan, el vino y la música de la fiestas de Pascua. Se trataba de las mejores vacaciones espirituales.

En el camino de Nazaret a Jerusalén, justo antes de entrar a la gran ciudad, había un espectáculo reservado para los visitantes de Roma. Colocados de forma estratégica, los criminales ejecutados por el gobierno colgaban de un madero, en los montes, a las afueras de la ciudad. Todo el que pretendía entrar a Jerusalén tenía que ser testigo del tipo de muerte que le esperaba a los enemigos del estado; esclavos, extranjeros, revolucionarios, criminales viles y, pronto, al Hijo de Dios.

Una vez Jesús entró por las puertas de la ciudad, pudo escuchar a miles de personas cantar al nombre de Yahweh, su libertador. El simbolismo de la fiesta resonaba en le corazón del joven. Las celebración hablaba sobre la necesidad de un sacrificio para la redención. El banquete traía a su memoria las historias que María solía leerle antes de dormir y enriquecía, con imágenes, las historias que José le contó mientras Jesús le ayudaba en el taller de carpintería. En su corazón ardía una canción de amor para el Padre, un grito de esperanza por la salvación de su gente.

A tan sólo 12 años de edad la atmósfera de recordación le permitió a Jesús experimentar un despertar interno. El festival le dio un vistazo efímero de su destino; un encuentro íntimo con las profecías sobre su vida. La predicción mesiánica era clara. Él sería inmolado por el pecado del mundo; no sólo por las iniquidades del pueblo judío que celebraba en aquel lugar, sino también por las transgresiones de los romanos que los oprimían.

Todo el que conocía a Jesús sabía que era un niño diferente. Pero algo se hizo claro para él durante esas fiestas. El Hijo del Hombre pronto se manifestaría como el Mesías, Salvador y Rabino. Él tenía la misión de revelar al Padre. Esta revelación le hizo sentir que pertenecía en el templo, con los sacerdotes, lo levitas y los maestros de la ley.

Entre el caos de la fiesta, los pecadores crucificados y el cordero de pascuas sacrificado, el niño Jesús se sintió motivado a permanecer en Jerusalén. De manera que, con su voz aún quebrada por el proceso de la pubertad y su cuerpo aún sufriendo los embates de la adolescencia, Jesús concluyó: "Ésta es la casa de mi Padre y éste es el negocio de mi Padre".

Entonces, el hijo de María y José hizo algo para lo que no estaban preparados. Ellos esperaban madurez y sabiduría de parte de su hijo. Sólo lo conocían como aquel que manifestaba honor y obediencia. Sin embargo, al concluir la celebración, Jesús se quedó en Jerusalén, mientras que sus padres pasaron horas suponiendo que estaba junto a la caravana; quizá en la parte de atrás, con alguno de sus parientes. María y José no tenían la experiencia previa que les advirtiera sobre la posibilidad de peligro. No tenían razón para pensar: «Si no has visto a Jesús en los últimos treinta minutos es porque algo malo debe haber ocurrido» (que es la expectativa común de la mayoría de los padres que se encuentran de viaje con sus niños).

Puedo imaginar a María decirle a José:

—No te preocupes, debe estar en la parte de atrás ayudando a la abuela a caminar.

— Amor, no estoy preocupado — confirmaría José—, seguro está ayudando a los vecinos a arreglar su carreta. Ya sabes cómo es el niño.

Sin embargo, el hijo especial, entregado por el Espíritu Santo, protegido de los escuadrones de la muerte de Herodes y obediente para hacer las tareas del hogar, no estaba por ninguna parte. ¡No fue sino hasta luego de 24 horas que papá y mamá se percataron de que habían perdido a Dios![1]

La historia en Lucas 2 es tan humana que podemos imaginar a los padres de Jesús locos de preocupación. Como cualquier otro padre hubiera hecho, María y José pasaron mañana, tarde y noche en busca de su primogénito. No había teléfono, *Facebook* o *Twitter* para ayudar a encontrarlo, sólo un mar de gente y una infinidad de posibilidades (negativas). En esta ocasión, no apareció un ángel para darle un sueño a José o vino Gabriel a ayudar a María, así que buscaron por tres largos días.

Al cuarto día encontraron a Jesús en el templo. Tenía anonadados a los hombres que, a su vez, impresionaban a la nación con su sabiduría. El niño hacía las preguntas más sabias y ofrecía las contestaciones más cultas. No se halló en él signos de abuso, hambre, miedo o incomodidad. A los doce años de edad, Jesús estaba en su elemento, en plena ejecución de su destino.

Este evento parecía ser la oportunidad perfecta para que María y José dieran un paso atrás, disfrutaran el momento y dijeran: «Este es nuestro hijo, el Mesías, enviado por Dios para ti, Israel». Podían observar y disfrutar el cumplimiento del propósito de su hijo, pero no lo hicieron. Hubo lágrimas, pero no de alegría.

María y José tomaron el percance como algo personal; se sintieron rechazados. Estaban aliviados por encontrar a su hijo, pero molestos por la angustia que experimentaron durante la búsqueda. Cuando vieron a Jesús en el templo, estaban aturdidos por el miedo y los tres días de ansiedad encontraron su escape a través de esta pregunta:

—Hijo, ¿por qué te has portado así con nosotros?— Le dijo su madre—. ¡Mira que tu padre y yo hemos estado buscando angustiados!

—¿Por qué me buscaban? ¿No sabían que tengo que estar en la casa de mi Padre?[2]

Según el tono que utilizamos cuando cuestionamos a nuestros padres, la respuesta de Jesús pudo sonar arrogante, inmadura o rebelde. Pero sabemos, que nada impuro salió de su corazón. De manera que, si fuéramos a reescribir su argumento podríamos hacerlo de la siguiente manera:

> «Explícame algo mamá, ¿un ángel no vino a ti antes de que estuvieras embarazada y te dijo quién era yo? ¿Recuerdas el asunto del gobierno sobre sus hombros, salvador para el mundo? ¿No fuiste tú, papá, quien tuvo un sueño y fuiste guiado por Dios para cuidarme y protegerme en Egipto? ¿No se acuerdan del significado de mi primer nombre? ¿No se acuerdan sobre aquello que vine a hacer al mundo? Porque yo sí recuerdo y ahora más que nunca. Mi deber es estar aquí, este es mi llamado y ustedes, más que cualquier otra persona, deberían entender».

Y allí estaba Jesús, el hijo perfecto, en medio de su primer esfuerzo por ser un hombre independiente. Siguió su corazón para hacer la voluntad del Padre, pero la respuesta que le dieron sus padres terrenales fue un rotundo, «No».

Jesús tenía la revelación de su llamado, pero fue desalentado por aquellos que estaban supuestos a apoyarlo, como todo padre debería. María y José, aunque tenían más revelación del Cristo que ninguna otra persona de su tiempo, no podían ver el cuadro completo. Sabían que no podían retener a su hijo por siempre, que había un hermoso propósito detrás de su vida, pero su instinto paternal no les permitió entender del todo. Quizá, la ansiedad nubló doce años de conocimiento sobrenatural o no estaban preparados para enfrentar el precio que el cumplimiento del propósito de Jesús demandaría.

Alguien tenía que decidir el curso de acción y sólo habían dos opciones en este escenario. Todos en el templo esperaban ver quién ganaría la lucha de poder. Mediante la opción número uno, Jesús empezaría su ministerio justo en aquel momento. Tenía la atención de las mentes más privilegiadas de la nación y la oportunidad de convertirse en el joven profeta, que vivió una vida perfecta, de acuerdo a la ley de Moisés. Él pudo haber dicho: «María y José yo los creé, yo soy su superior, así que ustedes deben someterse».

Sin embargo, Jesús eligió la segunda opción, abandonar su destino por el momento y someterse a la autoridad de sus padres. De manera que, « Jesús bajó *con* sus padres a Nazaret y vivió sujeto *a* ellos».[3]

A ningún ser humano le gusta escuchar la palabra NO, sobretodo cuando estás tan seguro del SÍ. Esta porción de las Escrituras registró una de las decisiones más cruciales en la formación de Jesús, como hombre. Nos da una revelación acerca de su carácter, madurez espiritual y voluntad para someterse.

El verdadero liderazgo requiere sumisión a las autoridades que tenemos sobre nosotros. Así que Jesús convirtió en su misión el someterse al propósito de Dios que estaba sobre la vida de María y José. Él honró el llamado de sus padres antes que el suyo, como maestro. Escogió el honor, sobre la influencia; pureza, sobre el ministerio y la humildad, sobre el orgullo. Y debido a esa decisión, la historia tuvo que esperar dieciocho años más para que se convirtiera en el Cristo.

Cientos de libros sin inspiración divina tratan de explicar lo que sucedió durante casi dos décadas de su vida en anonimato. Hay historias erradas sobre viajes y estudios. Diferentes religiones lo ubican en contacto directo con sus líderes y existen reportes sin prueba que aseguran que Cristo recibió influencia de otras enseñanzas y mesías.

En cambio, la Biblia no encontró razón lo suficiente ardua o formativa, para llenar este espacio de la vida de Jesús, que su sumisión a la autoridad de sus padres. Mientras María atesoró todas las cosas que sucedieron en Jerusalén, Jesús volvió a Nazaret, fue obediente a sus padres y creció en sabiduría, estatura y en favor con Dios y con los hombres.[4]

Dios el Hijo miró los ojos de su madre terrenal y decidió amarla antes que a él mismo. Buscó en su corazón y tomó la decisión de obedecer la petición de José, su padre adoptivo. Fue tentado con poder, arrogancia y orgullo, pero el niño, hombre e hijo obedeció, aun cuando tenía derecho a tomar posesión de su destino. Aunque existía una alternativa legítima disponible, Jesús tomó la ruta más honrosa. El Hijo de Dios entendió que el mejor uso de su tiempo en la tierra, durante esa temporada, sería ser sólo un hijo para sus padres. Su obediencia fue la mejor en inversión hacia su madurez.

Esta historia es un reto para todas las generaciones que creen «¡que tienen todo bajo control!» La decisión de Jesús de ser hijo primero es una invitación para todo aquel que le fue negado el derecho de entrada a su llamado en cierto momento. De hecho, todos sufrimos una pérdida legítima de nuestro destino, a manos de nuestros padres. Todos nos sentimos saboteados de una forma u otra, por aquellos que se supone nos impulsaran a alcanzar nuestro destino. Sin embargo, la elección de Jesús sugiere una perspectiva diferente.

¿Qué tal si no hemos crecido, por no haber permanecido junto nuestros padres? ¿Y qué, si nuestro hogar fuera el lugar perfecto para hallar incremento y favor? ¿Y qué, si volver a Nazaret fuera nuestra mejor inversión?

Muchos pastores, líderes, madres y padres se convirtieron en ladrones de sueños y visiones, ante nuestros ojos. Pero, en la perspectiva del cielo, nos proveyeron una oportunidad. Aun cuando sabemos, sin lugar a dudas, que estamos en el momento justo, en el lugar correcto, quizá la mejor inversión de nuestra vida, sea volver a Nazaret, para continuar aprendiendo cómo ser un hijo. Es allí donde el lugar incorrecto para el ahora, se convierte en el mejor lugar para crecer en Dios.

Jesús escogió ser hijo, ¿cuándo fue la última vez que lo hiciste tú?

¡Tiempo de brillar!

Demos un salto de 18 años, hasta la época en que Jesús tiene 30 años de edad. Es un tercer día de bodas en Caná de Galilea. Jesús y sus discípulos se encontraban en la ceremonia a la que María, la madre de Cristo, también fue invitada.

De repente, en algún momento de la fiesta, la misma que una vez le demandó a Jesús que regresara devuelta con ella a Caná, la dama que solicitó al Hijo de Dios que fuera un hijo para ella y José, hasta que el momento fuera justo, se acercó a Jesús y le dijo:

—Ya no tienen vino.

—Mujer eso que tiene que ver conmigo. —Respondió Jesús—. Todavía no ha llegado mi hora.

El hijo de Dios esperaba el momento en que desenmascararía su verdadera identidad, como el hacedor de milagros. Pero el tiempo no era el indicado. No este día, no en esta boda. No en el capítulo 2 de Juan.

Aún así, María mandó a los que servían: «Hagan lo que él les ordene».

En aquel lugar había seis tinajas de piedra, del tipo que utilizaban los judíos para la ceremonia de purificación. Cada una tenía la capacidad para almacenar 30 galones de líquido. Jesús le pidió a los sirvientes que llenaran los jarrones con agua. Cuando estuvieron llenos hasta el tope, les ordenó sacar un poco y llevarle al maestro de ceremonia. Cuando el maestresala probó el agua hecha vino, no comprendió su procedencia. Entonces, llamó al esposo y le dijo: «Todos sirven primero el mejor vino, y cuando los invitados ya han bebido mucho, entonces sirven el más barato; pero tú has guardado el mejor vino hasta ahora».

No está claro si María conocía de forma específica lo que Jesús haría en la boda, pero ella lo libertó para que fuera el que resolviera el problema. Ella conocía su identidad como Salvador y allí había una boda que necesitaba salvación. Aun si el tiempo, de acuerdo con el plan divino, no pareciera el correcto, lo perfecto era que Jesús comenzara su ministerio luego de que su madre lo libertara de su autoridad.

Jesús vivió como hijo para la mujer que conoció como *mamá* y reveló su gloria, no en la ocasión predispuesta, sino cuando ella, la que lo amamantó de bebé, pidió que fuera el momento justo. María no poseía mayor autoridad o revelación que Jesús, tampoco era una madre controladora. Ella permitió que su hijo aguardara 18 años, pero entendió que el mundo no podía esperar más por la manifestación de Cristo. Jesús convirtió el agua en vino, su primera señal milagrosa, porque María era una mujer embarazada de esperanza para Israel.

De hecho, la Biblia incentiva a los hijos a obtener la bendición de sus padres. Es un principio fundamental de las Escrituras y lo establecen muchas historias en el Antiguo y Nuevo Testamento. Podemos pensar que no existe nada santo en volver al lugar de donde salimos. Pero, ¿y qué si nuestro destino profético está escondido en la casa de nuestros padres? ¿Qué tal, si las personas a las que debemos comenzar a manifestar nuestro estatus de hijo es a nuestros propios padres?

Cristo nunca sintió temor de *perder* el tiempo de Dios para su llamado. Él entendió el concepto de autoridad delegada. Aun mientras vivió bajo la guía de sus padres temporales, confió en su Padre Eterno. Entonces, llegaron los días de ser todo para lo que fue creado. El hijo de María y el carpintero fue libertado para revelarse como el Hijo de Dios.

Jesús tenía todos los argumentos para desacreditar la paternidad de su padre terrenal, José. Sin embargo, Él conocía los caminos perfectos de su Padre en los Cielos: «Honra a tu padre y a tu madre, para que disfrutes de una larga vida en la tierra que te da el Señor tu Dios».[5] Así que, decidió honrar al hombre que Dios puso como cabeza de su hogar; lo siguió de Egipto a Nazaret, aprendió su oficio y cargó la identidad de su familia, aun mientras ejerció su ministerio a tiempo completo.[6]

Aun en la cruz, Jesús se hizo cargo de su familia. Permitió a María entrar bajo la custodia de Juan, su amigo de confianza. Mientras cargaba el pecado del mundo en sus hombros y sostenía la guerra más épica de todos los tiempos, se aseguró que su madre quedara en buenas manos.

Nuestras responsabilidades de hijo para con los nuestros nunca deben sacrificarse a favor de un gran ministerio. Aun cuando Jesús tuvo que tomar un camino distinto a aquel que su familia inmediata deseaba, él visitó, honró y permaneció comportándose como hijo. No siempre estuvieron de acuerdo, pero al final de su ministerio terrenal, su madre y sus hermanos se convirtieron en parte del movimiento de aquellos que creyeron en él y cambiaron el mundo.[7]

¿Qué significa honrar a tus padres?
Hijos: Obedezcan a sus padres.
Adolescentes: Respeten a sus padres.
Adultos: Cuiden de sus padres envejecientes.
— *MARK DRISCOLL*

Conoce de dónde vienes

No te culpo si has saltado listas de genealogías en la Biblia. Yo también lo he hecho en múltiples ocasiones. Tratas de continuar con tu lectura diaria, pero te sientes culpable de haber menospreciado pedazos de las Santas Escrituras. Así que retrocedes, hasta la larga lista de nombre hebreos, y con una cara larga las lees con rapidez. Entonces, te sientes mucho mejor.

Existen genealogías para 23 personas del Antiguo y Nuevo Testamento. Se trata de una gran cantidad de nombres. Los escritores, inspirados por el Espíritu Santo, consideraron valioso mostrar el árbol familiar de cada uno de estos personajes y Jesús fue uno de ellos.

De hecho, el Hijo del Dios tiene dos listas. La lista en el libro de Mateo va desde Abraham hasta Jesús. La lista de Lucas va desde Jesús devuelta hasta Adán. Cada evangelista intentó comunicar un mensaje distinto a través del mismo trasfondo. El evangelio de Mateo se enfoca en la historia redentora y la sangre real de Jesús, con énfasis en la historia del rey David. Esta genealogía anunció a los lectores de primer siglo, «Este es el Rey» y «Aquí viene el Reino».

Por su parte, la genealogía de Lucas se enfocó en la humanidad de

Jesús. Muestra a Cristo como uno de nosotros, hijo del primer hombre. Esta perspectiva de la ascendencia de Jesús es un recordatorio de que, así como el pecado entró al mundo por medio de Adán, fue derrotado a través de Jesús.

De la misma forma, en cada una de nuestras genealogías existe una historia de redención. Que estés vivo, con este libro entre tus manos y en busca de las cosas del Espíritu, son prueba que Dios tiene la «última palabra» sobre tu ADN. Al igual que tú, Jesús tuvo de abuelas a Tamar, quien se acostó con su suegro; a Rahab, prostituta y mentirosa; a mamá Rut, resultado de un incesto; y a Betsabé, quien adulteró con el rey David (el tatarabuelo que sedujo a una mujer ajena y asesinó a un hombre justo). De este linaje provino el Hijo de Dios, perfecto en todos sus caminos.

La genealogía de Jesús y su vida perfecta son prueba de que no existe una historia en tu linaje que pueda superar el poder redentor de Cristo. Tu apellido no es el recuerdo de un pasado oscuro, sino la celebración de tu redención. Si fuiste criado por padres temerosos de Dios, que te amaron, se preocuparon por ti y te mostraron sus caminos, fue debido a su obra redentora. Aún si fuiste criado por padres abusivos, alcohólicos o ausentes, tu vida es una historia de redención.

Cada genealogía de la Biblia nos brinda un marco histórico sobre el bagaje que los hombres y mujeres de Dios trajeron al día de la consumación de su propósito. Si la Biblia sólo hablara de personas intachables y sus increíbles hazañas, nunca podríamos comprender la poderosa gracia de Dios, a través de la cual nos «muestra su increíble amor, hasta mil generaciones a aquellos que le aman y siguen sus mandamientos».[8]

Tu pasado no determina tu presente. Si puedes verlo a través de los ojos de tu Padre, este puede traer poder a tu futuro.

La llave para redimir

Aunque el amor de Dios es incondicional, existe por lo menos un requisito para recibirlo. Él nos ama, no importa qué, pero podemos restringirnos el acceso a ese amor con nuestras decisiones.

Afortunadamente, Jesús nos mostró el camino para deshacernos de las situaciones que nos separan del fluir sanador del Padre. Ese camino se llama el perdón. Esa es la llave que nos brinda el poder para ser libres y la herramienta que nos permite libertar a otros. Perdonar es un regalo capaz de cambiar la apariencia de nuestro linaje y las expectativas sobre nuestra herencia. Pero, también es una cláusula no negociable del Reino de la Gracia.

> Porque si perdonan a otros sus ofensas, también los perdonará a ustedes su Padre Celestial. Pero si no perdonan a otros sus ofensas, tampoco su Padre les perdonará a ustedes las suyas.[9]

Aunque algunas heridas parecen justificar la falta de perdón, la condición de Dios para ser perdonados no puede obviarse. Quizá las personas que estaban supuestas a mostrarnos el amor más increíble, nos fallaron de la forma más horrenda, nos hirieron al punto de dejarnos irreconocibles. Pero, aunque nos veamos tentados a pensar que no son dignos de nuestro perdón, ese es un lujo que no podemos darnos.

En una ocasión, mientras ministraba en Sheffield, Inglaterra, el pueblo natal de mi esposa, una mujer comenzó a reír de manera incontrolable durante una de mis enseñanzas. Al terminar la velada, la dama se acercó y me contó sobre una visión que tuvo de forma continua. Durante su experiencia sobrenatural, pudo ver a Jesús de camino al Calvario mientras cargaba en los hombros a su padre, el hombre que cometió abusó sexual contra ella, cuando niña. La mujer atestiguó que, por primera vez en su vida, experimentó el gozo del perdón. Cada vez que veía la imagen, como una ola que golpeaba contra su alma la llevaba a profundizar más en sus honestidad mientras repetía en un suspiro: «¡Papá, te perdono!»

Durante la velada, la mujer pudo percatarse, que de la misma forma que Jesús cargó su pecado, también llevó a la cruz el pecado que se cometió en su contra. No fue hasta entonces que pudo aceptar que Jesús, no sólo se transformó en una persona con ella, como víctima, sino que en la cruz, también se convirtió en uno con el perpetrador de su dolor.

Mientras Jesús colgó desnudo, golpeado en la cara, espalda y genitales, aquel que se mantuvo puro hasta los 33 años de edad, experimentó abuso sexual. Él tomó todos los pecados cometidos en secreto, mientras soportó el horror de la humillación pública.

Esta revelación dejó de ser teología a nivel intelectual. Aquel día, dirigida por el Espíritu Santo, fue capaz de abandonar la demanda de justicia que guardaba en su corazón. Ella se convirtió en la manifestación de gracia para su padre, de parte de Jesús. Al fin fue capaz de caminar en libertad. Una libertad radical, del tipo que Jesús ofrece a cada uno de nosotros. Y salió de aquel lugar con una mezcla de lágrimas y risas.

El pecado de los padres en contra de sus hijos nos hace sentir impotentes, temerosos y furiosos. No debemos sentirnos culpables por ello. Pero, el duro suelo de la amargura y las barras del arrepentimiento que forman la cárcel del juicio, nunca se sentirán como un hogar.

Debemos pensar en el perdón como nuestro paracaídas. Mientras viajamos a 124 mph en caída libre hacia el suelo, no tenemos otra opción que usarlo. Siempre podemos decidir no abrirlo, pero si pretendemos salir ilesos, en *realidad*, no tenemos otra opción. De igual forma, tenemos el «derecho» a sentirnos ofendidos con nuestros padres, pero ese «derecho» podría llevarnos a terminar peor que ellos.

Por el contrario, cuando decidimos libertar a nuestro ofensor de nuestros juicios, nuestro voluntad producirá virtud. Para ganar lo que perdimos, debemos despojarnos, confiar en el Padre aun cuando no estemos de acuerdo. Es imposible actuar como hijos para Dios o los hombres, a menos que seamos capaces de perdonar.

Mientras escribía este capítulo, uno de los estudiantes de nuestra Escuela de Avivamiento en CFT, Raleigh, compartió con la clase un testimonio de perdón. En otras ocasiones ella había atravesado las etapas de perdón, pero mientras Adam Walton, el director de nuestra escuela, compartió sobre conectarse con un dolor específico que nuestros padres nos hayan infligido, ella comenzó a perdonar desde su corazón. Más tarde, ese mismo día, su madre llamó y le expresó su intención de iniciar nuevamente su relación. Y, por primera vez en mucho tiempo, se expresaron su amor.

Esta es una dinámica espiritual que se inicia cuando libertamos a nuestros padres de nuestros juicios. Nuestra decisión le deja saber a ellos, por medio del espíritu, que deseamos volver a ser sus hijos. ¡Quizá tome un poco de tiempo recuperar la confianza, pero tenemos que perdonar!

Hoy, Dios nos invita a ponernos en contacto con el dolor que nuestros padres nos infligieron, a mirar en los ojos de Jesús y pedirle que nos enseñe a perdonar. Mientras el Espíritu Santo nos da el poder para caminar en misericordia hacia nuestro prójimo, es preciso recordar que fuimos salvos porque Dios camina en misericordia hacia nosotros.

Te invito a abrir tu paracaídas, a disfrutar la vista desde la perspectiva del Padre, en el reino de su gracia.

> *Perdonar es libertar a un prisionero y descubrir*
> *que ese prisionero eras tú.* — *LEWIS B. SMEED*

Si deseas experimentar la libertad que produce el perdón, te invito a leer y completar, de manera reflexiva, esta declaración:

Jesús, gracias por morir en mi lugar, de manera que yo pudiera recibir perdón. Hoy, por medio de un acto voluntario, decido perdonar a aquellos que me hirieron o pecaron en mi contra. Perdono a _____ por_____. (Sé específico.) Le extiendo el regalo de mi perdón incondicional a cada uno de ellos. Reconozco que no me deben nada. Los dejo en tus manos y bendigo a cada uno de ellos en tu nombre. Señor, te pido que perdones mi respuesta impía a la ofensa y el dolor. He juzgado con actitud y palabras incorrectas, en amargura y enojo. Te pido que me perdones por mi comportamiento erróneo y mi respuesta pecaminosa. Dios, perdóname por estas y otras conductas impías ocultas en mi corazón, con las que di al enemigo derecho legal para atormentarme. Decido arrepentirme de estas prácticas incrédulas y pecaminosas. Gracias Jesús, porque fui perdonado y me hiciste libre. Soy un hijo de *Abba* y caminaré en perdón hacia todos. En tu nombre, Amén.

CAPÍTULO DIEZ

LA BÚSQUEDA

Al líder joven: No intentes ser Batman en tu tiempo de ser Robin.
—Tommy Tenney

Algunos de nosotros, los que utilizamos los medios sociales, nos gusta impresionar a nuestros amigos por medio de citas que comunican las ideas que permean en nuestro corazón, pero por medio de una elección superior de palabras a la que nosotros hubiéramos compuesto. Como dijo la renombrada escritora inglesa, Dorohty L. Sayers, «siempre tengo una cita para todo, ya que me ahorra tener que pensar de manera original».

De manera que, hace unos años, me topé con un pensamiento y sin pensarlo dos veces, lo cité en mi muro de *Facebook*. El pensamiento leía así: «Una persona sin mentor es como un barco de velas sin brisa».

Los comentarios no se hicieron esperar. Pero, para mi sorpresa, la mayoría de las personas estaban en desacuerdo. Leí con lástima, mientras me percaté de que somos parte de una generación dispuesta a participar de relaciones ficticias a través de la internet, pero no queremos depender de un ser humano real que nos pueda ayudar a equiparnos para la vida. Por mucho tiempo, las artes y los medios de comunicación idolatraron la rebelión y demonizaron el respeto a la autoridad. Los efectos de esta perspectiva errónea ya comienzan a mostrar sus frutos a través de nuestra generación.

Cuando leí la palabra *mentor,* me sonó a un equivalente para la palabra *padre.* Quizá porque me siento cada vez más cómodo con la idea de tener personas de más edad y experiencia como autoridad sobre mi vida. Me he ido conformando al hecho de que su ánimo y dirección pueden ser necesarios a la hora de tomar decisiones importantes. Y quizá, aún ni me molestaría cierto grado de dependencia en estos mentores. Pues, con el tiempo, esta manera de pensar se ha convertido en brisa para mis velas.

De hecho, el problema con la mentalidad a la que me enfrenté en cada comentario en conflicto con mi cita es que si la mayoría de nosotros lucha por entender el rol del padre como autoridad sobre nuestra vida, la próxima generación está destinada a pagar el precio. Cuando llegue el momento de nosotros ejercer como mentores, nos encontraremos sin hijos a quien guiar y sin hijas a quien transferir autoridad. Esta perspectiva errónea sobre la figura de los padres debe ser destruida, ya que «la creación aguarda con ansiedad la revelación de los hijos de Dios».[1]

La búsqueda del hijo

Nuestra expectativa sobre los padres es que sean ellos los que busquen a los hijos. Muchos deseamos un padre que se tome el tiempo de llamar. A todos nos gusta que el jefe se preocupe por sus empleados. Muchas personas prefieren al pastor que le da seguimiento a cada una de sus relaciones. Nuestra demanda natural de atención es un deseo normal que no necesita corrección, pero debemos entender que la dinámica en el Reino de Dios es distinta. En el contexto bíblico es responsabilidad de *nosotros* —los hijos— buscar a los padres y es en esa búsqueda que encontraremos nuestra herencia.

La historia de Eliseo y Elías, en el libro de Reyes, nos sirve como evidencia para este principio. La relación entre ambos profetas comenzó cuando Dios le ordenó a Elías que ungiera a Eliseo como su sucesor. El viejo profeta encontró al joven mientras araba la tierra con la ayuda de doce juntas de bueyes. Elías se acercó y tiró su manto sobre los hombros del joven, lo que provocó que dejara sus bueyes y corriera tras de él. «"Déjame despedirme de mi padre y mi madre, y entonces iré contigo", dijo Elíseo».

«Elías respondió: "¡Regresa! ¿Qué te he hecho yo a ti?"».

¡Pobre Eliseo! Es el primer día como hijo espiritual junto al profeta y ya tiene problemas de comunicación. Aún así, corrió a casa y sacrificó sus bueyes. Luego, quemó su equipo de arado, cocinó la carne y se la dio al pueblo.

La decisión de Eliseo de deshacerse de todo sirvió como un compromiso con su corazón, su comunidad y Dios. El sacrificio de todo lo que antes fue su fuente de vida se convertiría en testimonio de su rendición. Cuando mató su ganado, puso toda su confianza en Dios como provisión. Cuando quemó su equipo, se deshizo de cualquier recurso al cual regresar. Cuando alimentó a la gente con su sacrificio, les otorgó permiso para pedirle cuentas por la promesa que había hecho.

Luego de compartir la cena de despedida con sus padres y amigos, el nuevo profeta «partió para seguir a Elías y se puso a su servicio». Dios decidió llamar y ungir a Eliseo a través de su relación con Elías. Todo lo que el joven profeta pudo hacer fue aceptar y recibir lo que le fue dado. Él no tenía poder para hacer cumplir su destino, pero se atrevió a dar un salto hacia lo desconocido. La invitación fue un regalo del cielo, pero seguir al profeta fue su decisión.

Sin embargo, así como no escuchamos nada acerca de los dieciocho años de Jesús junto a sus padres en Jerusalén, desde 1 Reyes 19:10 hasta 2 Reyes 3:11, no hay nada escrito sobre Eliseo. Todo lo que se narró fue sobre las increíbles palabras que el gran profeta Elías compartió con el pueblo de Dios. Hay milagros, señales y prodigios, pero nada acerca de su asistente.

Eliseo fue conocido por el pueblo como aquel que servía a Elías. Su posición como siervo le permitió observar la vida del profeta en primera fila. Esta relación lo afectó de tal manera que provocó un anhelo por todo lo que Elías poseía. Tanto así, que lo que obtuvo del profeta en su tiempo de formación no menguó su deseo de obtener una doble porción del espíritu del hombre al que ahora veía como a un mentor.

Sin embargo, en el destino del Elías estaba pautada una pronta partida y eventualmente, llegó el día en que el gran profeta se marcharía. Sobre este tema, la Biblia narra dos encuentros de la escuela de profetas de Jericó con Eliseo. Este grupo de hombres de Dios, con el don de revelación espiritual, le preguntó: «¿No sabes lo que el Señor se propone a hacer? Te quitará a tu maestro hoy».

Elíseo sabía que perdería a su mentor y aunque los profetas conocían que Elías sería arrebatado, no entendían las implicaciones de este evento sobre la vida de su sucesor. La revelación de aquellos profetas sobre la identidad de Eliseo se limitaba a sus labores como siervo, pero Eliseo, caminó como un hijo junto Elías.

En el último día de su historia juntos, Elías y Eliseo aún aparentaban tener problemas de comunicación. En tres ocasiones, el profeta le pidió que se marchara, pero su discípulo decidió quedarse. Aun cuando la escuela de profetas retó el don profético de Eliseo, este optó por humillarse y esperar. Aunque el joven aprendiz sabía lo que sucedería, no tenía control sobre el destino de su padre espiritual. Todo lo que podía hacer era permanecer cerca y esperar por un evento glorioso.

Cuando llegó el momento en que sería arrebatado, Elías le preguntó a Eliseo: «¿Qué puedo hacer por ti?». Así que, Eliseo pidió: «Quiero la doble porción de tu espíritu». Si Elías hubiera pedido la doble porción del Espíritu de Dios, esto podría sonar como un argumento «correcto» en términos teológicos, pero eso no fue lo que pidió. Eliseo pidió la doble porción del espíritu de Elías, el ADN intangible de su padre.

Sin embargo, la historia narra que la única condición que estableció el profeta para que Eliseo recibiera lo que solicitó fue que permaneciera junto a él hasta el momento de su partida. Entonces sucedió lo que esperaban. Mientras continuaron su camino y conversaban, un carro de fuego con caballos de fuego los apartó y Elías subió al cielo en un torbellino. Cuando Eliseo vio partir a su maestro, no pudo más que gritar: «*¡Padre mío! ¡Padre mío!* Carros de Israel y su gente de a caballo!».

Eliseo nunca volvió a ver a Elías, pero en las palabras, «*¡Padre mío! ¡Padre mío!*», descansa la revelación que los hijos de los profetas nunca pudieron comprender. La razón por la que el joven le sirvió a su maestro con tal excelencia fue la forma en que lo veía. Eliseo no estaba tan interesado en sus propios dones, pero deseaba el manto de su padre; no perseguía un incremento de *su* llamado, sino que buscaba que el legado de su padre continuara a través de él. Eliseo se veía a sí mismo como un hijo y eso lo hizo permanecer junto él, hasta el final.

Luego de que Elías fuera arrebatado, el joven profeta tomó sus vestimentas y las partió en dos. Entonces, tomó el manto de aquel hombre que consideraba su padre y lo hizo suyo. Con el manto golpeó las aguas y las dividió, de la misma forma en que Elías lo había hecho antes. Esta señal sirvió de evidencia sobre la transferencia de la unción. Tanto así que, la escuela de los profetas de Jericó concluyó: «el espíritu de Elías descansa sobre Eliseo».

Eliseo no interpretó la emulación de su maestro como una amenaza a su llamado. El joven sucesor copió al hombre que lo precedió y esto le permitió realizar el doble de los milagros que su mentor. Dios dotó a Elías para dar poder a su sucesor y Eliseo, ya sea por revelación divina o sabiduría cultural, entendió el principio de buscar una relación de padre e hijo.

De la misma forma, Dios preparó el camino para que todos sus hijos se conviertan en padres a través del ministerio. Pero, para reproducir el éxito que obtuvo Eliseo y alcanzar nuestro destino, necesitamos la doble porción del espíritu de nuestro *Elías*; debemos estar conscientes de nuestra necesidad de buscar y perseguir a los padres que Dios comisionó para nosotros. Todos necesitamos un padre y, como Eliseo, todos tenemos disponible una figura paterna en nuestra vida.

Nuestra oportunidad

Cuando los padres espirituales persiguen a sus hijos, podría interpretarse como un intento de manipulación, mientras que cuando los hijos buscan a sus padres siempre será una invitación. En la historia del hijo pródigo que compartimos en el primer capítulo, no importa cuánto se preocupara el padre por su hijo o cuán amoroso fue en su regreso, nunca fue tras de él a tierras lejanas. El padre esperó en casa.

De la misma forma, el padre que Jesús vino a revelar es un padre de amor eterno y misericordioso en todos sus caminos. Pero Él espera que seamos nosotros los que le busquemos. Preocuparnos por fomentar nuestra relación con el Padre es un principio eterno que debemos redescubrir.

Sin embargo, siempre solemos buscar fallas en nuestros padres, pastores o líderes. Siempre buscamos una justificación; una razón para no seguirlos. En muchas de las ocasiones las fallas son legítimas y nuestras razones son válidas, pero el manto no le pertenece a aquellos que ganan argumentos, sino aquellos dispuestos a humillarse a sí mismos.

Muchos caminaremos sin manto por no estar dispuestos a perseguir los hombros de los hombres que hoy lo cargan. En vez de estar pendientes de las cosas que necesitan un cambio dentro de la iglesia, necesitamos ganarnos el derecho a ser escuchados por aquellos a los que Dios confió la dirección de los santos en nuestro presente.

Nuestro padre espiritual, ya sea un pastor, un viejo amigo, un líder de célula o nuestros padres biológicos, no son perfectos, ni están cerca de serlo. El tiempo que estos hombres y mujeres tienen disponible puede muchas veces estar limitado por sus ajetreadas agendas. Quizá tu líder nunca tuvo un verdadero mentor que lo guiara a través de la vida. Además, los líderes también cargan con viejas heridas que los hacen levantar paredes a su alrededor.

Sin embargo, ahora más que nunca, debemos permitir a nuestro corazón escuchar su dirección, recibir su opinión y aprender de su corrección. Debemos tener confianza en la habilidad de Dios para dirigirnos a través de nuestros padres. Quizá nunca estemos de acuerdo con todo lo que hacen o dicen, pero nuestro corazón debe estar abierto a ser formado y retado aún en los debates. Aceptar la dirección de nuestros padres espirituales es una declaración de confianza hacia nuestro Padre Celestial. Él conocía el tiempo y el lugar de tu nacimiento y las personas a tu alrededor no están ahí por casualidad, ellos son parte de su plan para tu grandeza.

Mi esposa y yo tomamos la decisión de no ofendernos. Preferimos aprender, buscar de forma constante y creer lo mejor de aquellos que nos dirigen. Durante nuestro caminar como familia y aun en el ministerio, gran parte de nuestro fruto espiritual fluye a través de la raíz que nos brindan nuestros padres espirituales. Todos tenemos un llamado espiritual a abrazar el concepto de ser hijo mediante la búsqueda, rendición y emulación.

Un proverbio popular dice: «si eres la persona más lista en el cuarto, es porque estás en la habitación equivocada». Comienza a buscar a esas personas que transitaron el camino que has de andar. Acepta la invitación del cielo para entrar a su aposento. Deshazte de la falsa expectativa de control y manipulación. Confía a Dios tu dirección a través de ellos. Ésta es la cultura del cielo, manifestada en la tierra y revelada a través de su palabras.

Escoge los hombros correctos

Sir Isaac Newton, afirmó: «Si he podido ver un poco más lejos es porque he subido sobre los hombros de gigantes». Lo que me provoca a pensar, ¿y qué si también hubieran hombros similares disponibles para nosotros? Y si lo están, ¿cómo es que sólo algunas personas logran desatar todo su potencial de vida como Newton lo hizo?

Cada uno de nosotros tiene hombros gigantes disponibles en el Padre Celestial. Él es un padre dispuesto a levantarnos, mostrarnos sus caminos y bendecirnos más allá de nuestros sueños más extraordinarios. Sin embargo, la vida de un hijo no se trata sólo de aceptar a Dios como padre, sino sobre nuestra disposición para aceptar a nuestros padres terrenales y nuestra capacidad para liberarlos de nuestros juicios.

Tenemos gigantes a nuestro alrededor, personas dispuestas a darnos sus hombros y mostrarnos el camino hacia delante. Hay mujeres y hombres capacitados para discipular y dirigirnos hacia el máximo potencial de nuestro llamado en Cristo Jesús.

Sin embargo, valoramos tanto nuestra independencia que perdimos contacto con las riquezas del pasado. Muchas de las cosas que consideramos «nuevas» en Dios, son en realidad viejos pozos que no fueron transferidos de una generación a otra. Se perdió la ubicación de estos recursos en los desiertos que existen entre padres e hijos. Nuestra generación se tornó sedienta porque nunca se transfirió un mapa que les ayudara a encontrar el agua de la que disfrutó la pasada generación.

Pero aún hay esperanza. He escuchado un mensaje prometedor de parte de mis padres, mis suegros y la mayoría de mis líderes espirituales. Nuestras figuras de autoridad nos invitan a usar su experiencia como plataforma de lanzamiento. Ellos anhelan compartir lo que recibieron, de manera que, su techo se convierta en nuestro suelo. Estos padres que están allá afuera, que se benefician de pozos antiguos, nos invitan a encontrarlos y extraer bendición junto a ellos. Entonces podremos desatar bendición verdaderamente nueva, mientras disfrutamos de la estabilidad que proveen los pozos de la experiencia.

Todos estamos cargados de promesa profética, pero algunos no hemos sido capaces de abrir nuestro corazón para compartirla con un padre. Para algunos, experiencias pasadas empañaron su perspectiva y la imagen de un padre ahora despierta sentimientos de decepción. Otros, simplemente no lo buscan o les gusta suponer que fuimos creados para lograrlo sólos, para hacer nuestro propio camino, crear nuestro propio destino.

Si has estado en la presencia del Señor por más de diez minutos sabes que es un Dios de propósito y destino. Sabemos, por medio de las Escrituras, que Él ama hacer llamados, dar poder y enviar. Su idea sobre una relación buena es compartir una misión. Dios el Padre está en el negocio de compartir. Él está apasionado por darte una visión de vida, porque una persona sin visión es una persona sin futuro, y una persona sin futuro está destinada a regresar a su pasado.

Los árboles logran un crecimiento saludable cuando están plantados en buen suelo, junto a corrientes de agua. El problema surge cuando intentamos crecer en las tierras cecas de la independencia. Allí nuestros troncos lucharán para crecer con escasos recursos. Y cuando al fin demos fruto, el mismo será amargo y nada saludable.

Muchos de mis amigos, aunque ungidos y dispuestos, no pudieron ver más allá. Se esforzaron por saber qué querían hacer y hacia dónde debían ir. Y aunque algunos llegaron a descubrirlo, el camino rocoso que ofrece el espectáculo de un sólo hombre les robó la esperanza. «Estancados» parece ser la mejor palabra para describir su visión actual.

Dios nos dio padres, para mostrarnos el camino y para prepararnos en sus métodos. Con ellos podemos encontrar una mejor vía que aquella que transitamos hoy, por nuestra cuenta. La invitación de Dios es para que abramos nuestros corazones a los gigantes que Dios puso en nuestras vidas, de manera que podamos cambiar nuestra perspectiva de huérfano.

Todos somos creación de Dios, pero ser hijos es una decisión. El primer paso es reconocer que necesitamos figuras de autoridad sobre nuestras vidas. El segundo es mirar los hombros a nuestro alrededor como un regalo de Dios, como esperanza para nuestro futuro.

Seamos prácticos

Dime que seguir a un padre es difícil y seré el primero en estar de acuerdo. Quizá lo has intentado en el pasado, pero ellos siempre están ocupados. Tal vez, sentías vergüenza y no querías convertirte en una carga más en su ocupada agenda. Algunas veces queremos acercarnos, pero ellos no muestran interés. En otras ocasiones, su contestación a nuestras preguntas son exactamente lo que *no* queremos escuchar y en otras ocasiones, su consejo *no* ha sido de ayuda en momentos de necesidad. Aún así te invito a perseguirlos. Hazte difícil de esquivar.

Mi consejo no debe ser tomado como excusa para convertirse en una nueva estirpe de hostigador. Ese es el último problema que un líder necesita. Además, ya es difícil para él confiar en alguien que se acerca sólo por aquello que *él* puede sacar de la relación, como para añadir un personaje más a la lista de aquellos de los que debe cuidarse.

De hecho, nuestra vista no debe estar dirigida a una ganancia personal, sino a como podemos bendecirlos a *ellos*, nuestros líderes. Lo que los padres espirituales necesitan son hijos espirituales que estén listos para cargar con su legado. Ellos están en busca de personas dispuestas a honrar lo que ellos lograron a través de sus años de vida. Su anhelo es tener descendientes, deseosos de tomar la herencia, llevarla al próximo nivel y a través de la próxima generación.

Cuando me acerco a mis padres estoy al tanto de que ellos están preparados para bendecirme, financiar mis sueños y ayudarme a cargar el peso de mi ministerio, pero yo me acerco como un hijo deseoso de hacer lo mismo por ellos. Trato de pagar la cuenta cuando los invito a comer, estar presente para servir y hacer todas las preguntas que pueda. Me acerco de forma intencional, en busca de una relación.

De igual forma, trato de encontrar terreno común con mis padres. Hablo honor y amistad, no un mensaje que sirva mis agendas. No tomo ofensa en el hecho de ser yo quien tenga que organizar nuestros encuentros. No veo como una falta cuando esos planes se ven amenazados por sus otras prioridades. Estoy decidido a hacer esa conexión, no permitiré que mi corazón se contamine con decepción o expectativas insatisfechas. Si este principio es cierto y en el Reino los hijos buscan a sus padres, entonces yo perseguiré a mis padres hasta donde sea necesario.

Todo este esfuerzo quizá pueda parecer algo idealista o radical, y en cierta forma lo es. El único padre que puede dirigir y actuar como mentor, en perfecto amor y todo el tiempo, es Dios el Padre. Jesús es, por mucho, el mejor líder que el mundo haya visto jamás y cuando hablamos sobre relaciones, Él mismo nos enseñó: «Hagan a otros según quieren que hagan con ustedes».[2] Su estímulo fue para que aprendiéramos a honrar a aquellos que nos dirigen, aun cuando ellos no lo hagan como nosotros lo haríamos.

El hijo de Dios dirigió a sus hombres con sabiduría. Les dio oportunidades tanto para fallar y aprender, como para brillar. Jesús habló palabras de vida, alivio y dirección a sus seguidores. La misión principal de Hijo, «el Camino, la Verdad y la Vida», fue dirigirlos hacia Dios, su Padre.

Ya sea de forma intencional o involuntaria, nuestros padres espirituales nos llevarán hacia el Padre perfecto. Quizá no lo reconozcamos en el momento, pero aun cuando ellos fallen, crearán el escenario perfecto para que corramos a los brazos del Papito del Cielo. Cuando ellos nos rechacen, Él nos recibirá. Cuando ellos nos fallen y no lleguen a la reunión, Él abrirá su agenda para encontrarse con nosotros. Cuando exista falta de comunicación, Él nos compartirá su corazón de amor para nosotros y su corazón de amor para ellos.

Si podemos acordar honrar a nuestros padres y madres, sembraremos la semilla que dará poder a nuestros hijos e hijas espirituales para su madurez. Si no vamos tras de nuestros padres, lo más probable es que ellos no vengan tras nosotros. Nuestra inacción es una barrera en el corazón que necesita ser destruida. Debes estar preparado para pagar el precio de ser hijo, porque vale la pena, y nuestro destino así lo demanda.

Los padres entenderán

La sensación más impresionante que he experimentado como padre es tener a mis hijos, Alejandro y Sebastián, en busca de mi compañía. Cambié los pañales de Alejandro, le di de comer arroz y habichuelas (frijoles) y atendí sus necesidades desde que nació en el 2011. Rendí mi vida a su servicio por dos años y medio, pero ahora, tengo la mejor recompensa.

Mi primogénito me llama papi y me invita a entrar en su cuarto. Una vez en la habitación, Alejandro me señala y dice: «¡Teléfono no, teléfono no!». Él demanda toda mi atención. Y toda mi atención significa que mi precioso *iPhone* no está permitido en su área de juego. Entonces, cierra la puerta y dice: «¡*Bye, bye* mami! ¡*Bye, bye* hermano!» Luego, busca un libro o juguete en específico que en el pasado haya servido para conectarnos y con brillo en sus ojos y una sonrisa enorme dice: «Papi y *me*» que, en perfecto *spanglish*, significa papi y yo.

No puedo escapar esta gloriosa prisión de gozo que mi hijo prepara sólo para mí. Nunca algo supo tan dulce como esos momentos de padre e hijo con Alejandro. Y ahora, tengo una doble porción cuando mi hijo menor, Sebastián, empuja la puerta para unirse a nuestra conexión.

El regalo más grande que mis hijos pueden darme es su deseo de ser ellos mismos a mi alrededor. Ellos saben que soy capaz de enseñarles, de manera que, se acercan hambrientos de conocimiento. Saben que puedo jugar con ellos, así que inician los juegos de lucha. Saben que los corregiré, y aún así, se acercan con confianza.

Todos necesitamos ser educados en confianza y, en lo profundo de nuestro corazón, anhelamos esa conexión. Quizá nos sintamos demasiado viejos para aceptar esa necesidad, pero el deseo sigue siendo el mismo. Los hijos que buscan tendrán padres que respondan.

Ahora, mientras enseño sobre el tema de los hijos espirituales, acostumbro a hacer éstas preguntas: «¿A quién, en esta habitación, sus padres le enseñaron a manejar sus finanzas?». Por lo general, en grupos de alrededor de diez, sólo dos personas levantarán la mano.

«¿Quién de ustedes tuvo una charla formal sobre sexo con sus padres?». En una multitud compuesta por más de 50, quizá, cinco personas levantarán su mano.

«¿Quién de los que está aquí decidió aprender el oficio de sus padres y ahora camina en un nivel más alto de conocimiento y éxito que ellos?». No importa el tamaño de la audiencia, sólo un par de personas levantará su mano.

Un valor equivocado de independencia, tanto en padres como en hijos, nos robó de aprender y crecer juntos a nuestras generaciones. Si embargo, como hijos, sabemos que podemos revertir esta tendencia.

¡Permite que seamos nosotros! Construyamos relaciones con padres espirituales. Pongámonos en contacto con aquellos que ya pasaron por el camino que nos disponemos a recorrer. Permítenos ser la generación que haga las preguntas, la que, por el manto, se convierta en sombra de sus padres. Y si nos toma el resto de nuestra vida alcanzarlo, no importa, porque serán los días mejor invertidos de nuestra vida.

¿Estás dispuesto a mirar por encima de las imperfecciones para encontrar a tu Elías? Tal vez tu padre no camina de la forma que quisieras. Pero, ¿que tal si es porque no lo han honrado de la manera que merece? Hijos e hijas, ¡persigamos lo mejor de nuestros padres!

Me hubiera gustado hacerlo más con mi padre, mi abuelo y mi primer pastor. Mi esperanza es que puedas entender este principio santo, lo pongas en práctica y termines sin remordimientos, sólo con victorias, crecimiento y favor heredado.

Hay grandes hombros disponibles a nuestro alrededor, sugiero que comencemos a subir.

CAPÍTULO ONCE

IMITACIÓN ORIGINAL

Dime y me olvidaré, enséñame y quizá recuerde,
involúcrame y aprenderé. — BENJAMÍN FRANKLIN

El modelo actual del cristianismo occidental está repleto de instructores. Hay miles de buenos ministros con la habilidad de promover sus enseñanzas, compartir su revelación y vender sus conocimiento. Yo me uno a ese grupo al dirigir una congregación en Carolina del Norte y escribir el libro que tienes en tus manos. Todos somos instructores para el cuerpo de Cristo y llevamos un mensaje con el potencial de cambiar perspectivas sobre un sinnúmero de ideas.

No me malinterpretes, ¡me encanta poder tener acceso a una cantidad incalculable de instructores! El pastor Morris me instruyó con conceptos increíbles de liderazgo para el crecimiento de la Iglesia local, desde su iglesia *Gateway* en Dallas, Texas. Bill Johnson desde

Bethel, en Redding, California, me dio, por lo menos, un cita energética para cada sermón que prediqué en los últimos cinco años. A través de un libro dirigido a la mujer, Joyce Meyer me ayudó a manejar mis emociones de forma piadosa. Aun la travesía en la que hoy te dirijo con mis palabras, comenzó cuando leí el hermoso libro de Gene Edwards, *Perfil de Tres Monarcas*.

Billy Graham predicó el mensaje que me llevó a la salvación. Steve Hill dirigió las reuniones en Brownsville que me enamoraron del avivamiento. Yiye Ávila vivió una vida de oración, humildad e integridad que todavía es una fuente de inspiración para mi vida. Y así como ellos, hay muchos otros instructores, líderes sabios, experimentados y capaces de comunicar su mensaje a una audiencia amplia.

Sin embargo, la realidad es que apenas conozco a alguno de estos instructores de forma personal. Los podría llamar maestros, pero sería iluso de mi parte llamarlos padres. Podemos descargar sus *podcasts*, podemos leer sus *blogs* o asistir a sus conferencias, pero no vivimos junto a ellos.

De hecho, la advertencia (que a su vez es una invitación e instrucción) del apóstol Pablo fue la siguiente: «No les escribo esto para avergonzarlos, sino para amonestarlos como a hijos míos amados. De hecho, aunque tuvieran ustedes miles de tutores en Cristo, padres sí que no tienen muchos, porque mediante el evangelio yo fui el padre que los engendró en Cristo Jesús. Por tanto, les ruego que sigan mi ejemplo».[1]

El gran apóstol pinta una ecuación sencilla para obtener resultados duraderos: Imiten a un padre, conviértanse ustedes también en uno. La responsabilidad de los hijos de perseguir a un padre, además de llevarnos a nuestro máximo potencial, tiene un propósito más importante; nuestra paternidad. Esta fue la fórmula que utilizaron los líderes de la iglesia antigua, de manera que el avance de la Iglesia nunca dependiera de uno o dos individuos.

El Nuevo Testamento incluye cartas escritas por padres a sus hijos espirituales. Dos de estas cartas fueron escritas por Pablo a Timoteo. El lazo entre estos dos personajes representa el tipo de relación con el potencial de transformar el mundo. La forma en que Timoteo se relacionó con Pablo le dio, no sólo las oportunidad de ser un hijo para el apóstol, sino de convertirse, el mismo, en un gran padre.

La vida de Timoteo fue transformada durante uno de los primeros viajes misioneros de Pablo. El joven dejó su familia y se involucró en la labor evangelista del ex-terrorista. Así mismo, había algo acerca de Timoteo que provocó a Pablo a escribir, «No tengo a nadie como él»[2], y luego afirmar, «pero ustedes conocen bien la entereza en carácter de Timoteo, que ha servido conmigo en la obra del evangelio, como un hijo junto su padre».

Ambos hombres, como padre e hijo, compartieron la gloria y la carga de la dirección de la Iglesia. Timoteo aparece como uno de los coautores de 2 de Corintios, Filipenses, Colosenses, 1 y 2 de Tesalonicenses y Filemón. No hay duda que Pablo, como padre, confió en el don y el llamado de Timoteo. Él se relacionó con su familia y lo alentó de manera constante. Se convirtió en el mentor de Timoteo y en su fanático número uno.

En respuesta, Timoteo se ocupó del cuidado y asistencia de Pablo aun cuando él estuvo en prisión. Continuó la misión que comenzaron juntos y cargó la llama de su mensaje. Se estima que la iglesia que le dejó a Timoteo a cargo en Éfeso tenía alrededor de 100,000 miembros. Los historiadores colocan a Timoteo entre los 25 o 33 años de edad cuando fue nombrado como el líder de esa congregación. Pablo le entregó una de las iglesia más exitosas de todos los tiempos a su joven hijo espiritual.

La paternidad es el diseño de Dios para el crecimiento de generaciones saludables en los rudimentos del Reino. La oferta del cielo para hoy es que volvamos a su modelo original. Yo continuaré aprendiendo de mis instructores y te animo a que hagas de la misma forma. Permite que esos que están dotados para la adoración te dirijan hacia Jesús a través de canciones de amor. Persigue los diferentes derramamientos del Espíritu alrededor del mundo. Honra la diversidad de la revelación que el cuerpo de Cristo manifiesta durante el momento histórico que vives. Pero, hagas los que hagas, presta atención al consejo de Pablo, no pierdas la oportunidad de encontrar un padre para imitar.

Hay gigantes de la fe a nuestro alrededor sin plataforma a la fama y que nos instruyen cada domingo en nuestra iglesia. Podemos encontrar muchos líderes de iglesia local con la sabiduría de Salomón, hombres y mujeres que escogieron rendir su vida por pequeñas ciudades y audiencias íntimas. Hay amas de casa, maestros de escuela y pequeños empresarios, que están dispuestos a invertir su tiempo para convertirnos en hombres y mujeres de éxito. Es tiempo de abrir los ojos para ver los padres a nuestro alrededor y convertirnos en «el fiel y amado hijo en Dios» para uno de ellos.

No temas a la emulación

Justo luego de haber decidido servir a pastor Tito por el tiempo que Dios quisiera, Duncan Smith visitó nuestra iglesia en Camuy para un fin de semana de diversión con el Espíritu Santo. Esta fue su segunda visita a la iglesia local en Puerto Rico, pero esta vez, viajó sólo. Tuvimos tres días maravillosos de enseñanza y ministración, con muchos milagros y sanidades físicas.

Durante su última tarde en Puerto Rico, disfrutamos de chillo fresco cocinado al estilo caribeño, frente al océano. Ya de vuelta en nuestro apartamento, mientras compartimos historias sobre el fin de semana, Duncan me hizo una pregunta sobre mis sueños y mis planes para el futuro. Fue cariñoso y personal, pero deseaba retarme y aun corregirme. De nuevo me encontré empapado en lágrimas. Experimenté una sesión de sanidad interior mientras uno de mis mejores amigos y mi esposa me ministraron en equipo.

Al día siguiente, Duncan despertó con el canto de los gallos de mis vecinos. Un poco después comenzamos nuestro camino al aeropuerto para su viaje de vuelta a Toronto. Un par de horas más tarde, cuando regresé a casa Catherine todavía estaba dormida. En vez de despertarla, me tomé un tiempo para procesar lo que había sucedido la noche anterior.

Una vez más, me encontré rodeado de la bondad de Dios. Fue inevitable, caí de rodillas y comencé a llorar. Pero, para mi sorpresa, una oración no intencional comenzó a mezclarse con la adoración que expresaba en aquel momento de intimidad. Me escuche decir: «Jesús, quiero imitar a Duncan, como él te imita a ti».

Sonó algo extraño al escuchar esta expresión salir de mi boca. Estaba muy cómodo con la idea de imitar a Jesús, ¿pero imitar a otro ser humano? ¡Nunca! Me agrada Duncan y respeto su liderazgo y habilidades, pero yo era mi propio hombre. Dios tenía un plan para mi vida y yo era capaz de lograrlo por mi cuenta. Jesús y yo éramos suficiente, ¿cierto?

Sin embargo, aquel día se sintió bien y correcto mientras mi espíritu dijo, «Quiero imitar a Duncan». Yo había pasado por alto el versículo en que Pablo pidió a otros que lo imitaran a él y nunca pensé que utilizaría esas mismas palabras para mi vida.

No recuerdo nada luego de esa oración. Catherine y yo continuamos sirviendo en nuestra iglesia local en Camuy. Pero, un par de semanas más tarde, mientras cenaba con mis suegros, que al momento nos visitaban desde Inglaterra, Duncan me llamó. Durante la llamada, me compartió su deseo de plantar una iglesia en Raleigh, Carolina del Norte y nos pidió que consideráramos unirnos a su visión. Me pidió que hablara con el pastor Tito al respecto y que orara con Catherine sobre la oportunidad. No había manipulación, ni siquiera la intensidad usual y la pasión que estaba acostumbrado a escuchar en su tono de voz. Era sólo un amigo, con el deseo de compartir su idea de plantar una iglesia juntos.

Catherine se emocionó al escuchar la noticia y sus padres tuvieron la misma reacción cuando les comentamos sobre la invitación. En la mañana siguiente le conté al pastor Tito sobre la oferta y con lágrimas en sus ojos y de la forma más honrosa posible, sintió paz y me dijo que lo hiciera. Cinco días más tarde, hablé con mis padres. Ellos también estuvieron de acuerdo y me motivaron todo el camino. Cada persona en posición de autoridad e influencia sobre mi vida en esa temporada sintió que era de Dios que nos moviéramos a Raleigh. ¡Yo fui el único que no sintió nada!

Se trató de una experiencia extraña para mí. Casi siempre yo era el que sentía, veía, oraba y soñaba sobre decisiones importantes como ésta. Pero, en esta ocasión sentí confirmación sólo porque mis padres creyeron que era lo mejor. Catherine también tenía un SÍ muy grande en su espíritu y su «confirmación», junto a la «confirmación» de todos mis padres, me dio la confirmación más grande que jamás haya recibido.

Algo había cambiado dentro de mí y no fue el resultado de mi esfuerzo por ser humilde. Por primera vez en mi vida, recibí el consejo de aquellos a los que estaba acostumbrado a rebelarme en su contra y descubrí que Dios disfrutaba de mi sumisión.

Llevo en Raleigh cinco años y sigo contando. Imito a Duncan y Kate Smith como ellos imitan a Cristo. Duncan se tomó el tiempo, semana tras semana, de compartir su vida conmigo. Él no es perfecto, ni estará cerca de serlo, pero Dios los utiliza de manera perfecta para dirigirme. Juntos, viajamos una travesía que me reta hasta el tuétano y me encuentro en los hombros de un gigante que quiere, más que nada, que yo también sea un gigante. Como a él le gusta decir: «Un padre increíble es aquel que no sólo te levanta como a un hijo, sino que también puede verte a *ti* como un gran padre».

Hoy, estoy convencido, de que aquellos que están preparados para entregar el anhelo de una ganancia individual experimentarán el gozo de ser hijos en la misma medida que Jesús lo hizo. No lo temas. Imitar a otros no afecta tu originalidad, sino que te da poder desde la plataforma correcta de autoridad. Tu emulación es un símbolo de madurez que crea una atmósfera saludable para el crecimiento. No escuches la murmuración de tu orgullo cuando dice: «Sólo seguiré a Jesús». La Biblia trata de líderes a los que vale la pena imitar. Ser parte de una relación que demanda emulación es un principio poderoso en Dios. Pronto, te encontrarás en una vida que hará a otros decir, «te imitaré a ti, así como tú imitas a Cristo».

Nosotros los padres

«¿A qué fueron llamados los padres? Los padres dan. Los padres protegen. Los padres capacitan. Los padres anhelan el bien para sus hijos. Los padres disfrutan. Los padres se sacrifican. Los padres son joviales y dadivosos. Los padres crean abundancia y, si asoman tiempos de escasez, toman la porción más rancia para ellos y crean una sensación de gratitud y abundancia para el resto. A los padres les encantan los cumpleaños y la Navidad, porque les brindan otra excusa para dar a sus hijos algo más. Cuando los padres dicen no, como los buenos padres hacen de vez en vez, es sólo porque ofrecen un regalo más sutil, uno que es aún más complicado que una galleta. Ellos también tienen que incluir entre sus regalos cosas como el autocontrol, la disciplina y la ética para el trabajo, pero estas cosas las dan, no quitando otras cosas por el mero hecho de tomarlas».[3]

No importa tu edad, género, estatus social, raza, afiliación o denominación, fuiste llamado a ser padre para la próxima generación. El cielo te ve como un padre espiritual, porque es parte de tu formación en Dios. En tus manos están las herramientas que se necesitan para construir. En tus bolsillos están las llaves que abrirán puertas de oportunidad. Tienes la habilidad de inspirar, equipar y apoyar a los que están a tu alrededor. Cuando eres *hijo en el Señor*, tienes permiso para ser un padre en el Reino.

El autor Floyd McClung describió a los padres espirituales como aquellos que «capacitan a otros para actuar. Ellos inspiran una visión común y retan el estatus quo. Ellos modelan el camino a seguir y motivan el corazón». Ese eres tú ahora, un padre y una madre.

La invitación y el reto

Cuando una persona está dispuesta a invertir tiempo y energía para hacer a otros sobresalir en la vida y en el ministerio, así como Jesús lo hizo con sus doce, su fruto se convierte en el testimonio de los caminos del Reino.

El pastor Mike Breen recomendó en su libro *Discipleship Culture*, que «quizá debamos dar un a paso hacia atrás para considerar lo que Jesús fue capaz de lograr. En menos de tres años, Él pudo discipular a un grupo de hombres, la mayoría de ellos, hombres a los que nadie hubiera elegido y les enseñó a «actuar» y «ser» como Él de tal manera que, cuando fueron enviados, cambiaron el rumbo de la historia humana para siempre. Él, en la forma en que se relacionó con ellos, fue capaz de crear una cultura de discipulado en la que hubo una mezcla apropiada de invitación y reto».[4]

Si calculamos la horas que Jesús invirtió en sus discípulos, descubriremos que Él dio prioridad al tiempo junto a ellos por encima de cualquier otra cosa. Él les dio poder, les compartió su vida y les enseñó a perdonar. Todo lo hizo, porque así lo vio hacer al Padre. Fue el placer de Dios para Simón, Santiago el mayor, Andrés, Pedro, Juan, Felipe, Bartolomé, Tomás, Mateo, Santiago el menor, Judas Tadeo y aun Judas Iscariote estar en asociación con Cristo.

Jesús estaba cómodo con que sus hijos hicieran cosas más grandes que las que Él hizo. Cristo les ofreció la autoridad que Él ganó a través de su vida, muerte y resurrección. Compartió con sus discípulos misterios que los dejaron anonadados. Y a los doce, les dio poder para echar fuera demonios y predicar las buenas nuevas.

Si tú quieres leer una porción llena de acción en las Escrituras, sólo lee el capítulo nueve de Lucas. En este capítulo los doce discípulos fueron enviados a hacer señales milagrosas y a predicar las buenas nuevas. Cientos de personas recibieron el toque de Dios. Se multiplicaron los panes y los peces para dar de comer a miles. Pedro obtuvo la revelación de que Jesús era el Mesías. Tres de los discípulos subieron a una montaña y vieron a Jesús transfigurarse en gloria. Jesús tuvo que libertar a un niño de un espíritu demoniaco, porque sus discípulos fallaron al intentarlo.

Luego, Jesús comenzó a hablar sobre su muerte. Así que los discípulos se pelearon acerca de quién era el más grande después de Él. Cristo, de forma decidida comenzó a caminar hacia Jerusalén y cuando los samaritanos lo rechazaron, su equipo quiso que lloviera fuego sobre ellos. Y el capítulo termina con la explicación del futuro crucificado sobre el costo de seguirlo a Él.

En cambio, Lucas capítulo 10 es un poco diferente. Esta porción de los evangelios se enfoca en un grupo llamado «Los otros 72». El evangelista no ofrece nombres o referencia de género, raza o edades. Cualquiera de nosotros encaja dentro de este grupo. Es un lienzo abierto a nuestra imaginación.

Podemos imaginarnos allí cuando Jesús les dijo: «Es abundante la cosecha, pero son pocos los obreros. Pídanle, por tanto, al Señor de la cosecha que mande obreros a su campo». Entonces, al darles la orden, «¡vayan ustedes!», los hizo a ellos (ya a nosotros) la respuesta a la oración.

Y así partieron los enviados de dos en dos a diferentes pueblos. Durante el viaje, el grupo se percató de que Jesús no iba con ninguno de ellos y que serían la primera impresión que las personas tendrían de Él. Fueron enviados a «decepcionar» a los pueblos que esperaban ver a Cristo. Las comunidades esperaban tener un encuentro con el auténtico, no el par de rechazados que vendrían a «pretender».

Sin embargo, la perspectiva de Jesús era un poco diferente. Él dijo: «Si los escuchan a ustedes, me escuchan a mí». ¡Y así lo hicieron! Los discípulos regresaron llenos de gozo, con reportes sobre demonios que fueron echados fuera (al parecer los demonios fueron los que mejor escucharon). En respuesta, Jesús compartió con ellos una visión. Mientras los enviados estaban en la aventura, Él vio a Satanás caer del cielo como un relámpago. Y luego de contarles la visión, de acuerdo a Lucas 10:21, ¡Jesús perdió la cordura!

> "En aquel momento Jesús, lleno de alegría por el Espíritu Santo, dijo: "Te alabo, padre, Señor del cielo y de la tierra, porque habiendo escondido estas cosas de los sabios e instruidos, se las has revelado a los que son como niños. Sí, Padre, porque esa fue tu buena voluntad"».[6]

Estos versos guardan la expresión de gozo más grande en todas las Escrituras. Se trata del retrato escrito de un Jesús feliz, lleno de risas en el Espíritu, al manifestar el placer de un Padre regocijado. La expresión, «lleno de alegría» viene de la palabra *agalliá*, de *agan*, que significa mucho o muy, y *hállomai*, que es brincar o saltar. La expresión se refiere propiamente a brincar en celebración por agradecimiento; alardear o permanecer feliz de forma experimental.[5]

Puedo imaginar a Lucas, el doctor, mientras trabaja en la biografía de Cristo. Sus entrevistas, tan serias como su cirugías. De manera diligente, recolecta toda la información necesaria para crear el Evangelio más largo. En su compilación, así como con el diagnóstico de sus pacientes, sólo consideraría hechos estudiados, analizados y revisados. Entonces, de forma intencional, utilizaría la palabra *agalliá*, que no es una expresión común. Lucas no pretendía hacer lucir al Salvador ridículo, pero se sentía obligado a dar el recuento exacto de lo que fue testigo: el Hijo de Dios brincaba, daba vueltas y celebraba. ¡Qué escena más épica!

Este fue un momento climático en el liderazgo de Jesús y un pronóstico prometedor para ti y para mí. Hasta el momento, toda la acción había sido reservada para Jesús y sus discípulos escogidos. Pero esta vez no. Ese día, sus 72 seguidores también predicaron, sanaron y declararon el mensaje del Reino. Ellos pudieron imitar a Cristo sin sacrificar su voz, personalidad o sus rasgos. El mundo conoció a Cristo de 72 maneras diferentes, porque ellos estuvieron dispuestos y Él los habilitó. Madres, hermanos, tíos, hijos e hijas caminaron en diferentes pueblos con la capacidad de manifestar a Jesús como si fuera Él mismo. Y debido a esto, la Trinidad tuvo un tiempo exclusivo de celebración. *¡Agalliá!*

Jesús, lleno del Espíritu Santo, alabó al Padre en una exuberante oración, acompañada de brincos y vueltas. 'Te alabo, padre, Señor del cielo y de la tierra, porque habiendo escondido estas cosas de los sabios e instruidos, se las has revelado a los que son como niños. Sí, Padre, porque esa fue tu buena voluntad».[6]

Tú y yo somos esos 72 pequeños, amados y escogidos. Fuimos enviados a hacer la voluntad del Padre, como lo hizo el Hijo, guiado por el Espíritu Santo. Ciertamente, Cristo era capaz de concluir la misión que fue enviado a hacer, pero tomó el placer de dejar que nosotros «fuéramos e hiciéramos discípulos a las naciones».

De esta manera, descubrimos la cultura del Reino de Dios, que comienza por venir y termina con ir. Primero, nos acercamos a Dios para consejo, y entonces, tenemos la oportunidad de compartir su amor con el quebrantado. Mientras nos acercamos al Salvador con nuestra necesidad, nos convertimos en ministros de la reconciliación para otros. Por las llagas de Jesús fuimos sanados para ahora poner nuestras manos sobre los enfermos. En un principio, venimos al Padre como *hijos*. Luego, nos convertimos en padres y madres para una generación huérfana. Así como venimos al Padre somos enviados al mundo.

Tú eres el discípulo que se convirtió en líder, el estudiante que se convirtió en maestro y el hijo que se convirtió en padre. Y así como imitas a otros, tú te convertirás en una persona digna de imitar. Un verdadero líder no es aquel que se promociona a sí mismo, sino aquel que encuentra gran gozo en promover a otros.

Toma tiempo para enseñarle a otros lo que conoces. No pierdas la oportunidad increíble de convertirte en un padre o madre que vive para decir: «Quiero que lo hagas mejor que yo». Únete a las filas de Jesús, Pedro y Pablo, líderes que entregaron su vida por hacer espacio para otros. No seas sólo un imitador, conviértete en alguien digno de imitar. Participa de la aventura que ya otros comenzaron y recorre un nuevo camino de riesgo y fe.

La independencia en el Reino es un signo de enfermedad, no de libertad. Este no es un evangelio para el Llanero Solitario. Esta es la historia de una familia, y en ella, la paternidad y ser hijos es primordial. Satura tu tiempo con el gozo de la duplicación. Y mientras lo haces, verás a Jesús moverse al ritmo de ¡*Agalliá*!

CAPÍTULO DOCE

LA GENERACIÓN DEL PADRE

Obtenemos más cuando damos.
Aprendemos más cuando enseñamos.
Recibimos más cuando servimos.

— *RICK WARREN*

Permíteme contarte una historia descabellada, una que comienza con una cantidad absurda de dinero. Se trata de 1.4 millones de dólares, la cantidad exacta para comprar el edificio que utilizaba nuestra iglesia.

«¿Por qué ahora? —me pregunté—. ¡Dios sabe que odio recolectar fondos!

Y es que, durante nuestro primer mes, luego de que me comisionaran, junto a mi esposa Catherine, como pastores generales de *Catch The Fire* Raleigh, nos encontramos a punto de perder el arrendamiento en 9225 Leesville Rd. Aunque los miembros de la congregación sabían que el lugar era rentado, se había convertido en una casa para la familia *Catch The Fire*. Se sentía y se veía, cada vez más, como nosotros.

Los dueños del local querían saber si compraríamos o nos mudaríamos. No quedó más remedio que tomar una decisión. Así que nos pusimos en contacto con varios bancos, sólo para percatarnos de que no había esperanza de conseguir el tipo de préstamo que necesitábamos para la compra. Luego de reunir toda la información sobre lo que debíamos hacer, salimos a almorzar. Mientras repasamos nuestra opciones y disfrutamos de comida tailandesa, Duncan se dirigió al grupo: "Vamos a hacerlo, creámosle a Dios por la cantidad completa, un milagro de 1.4 millones de dólares".

Gulp.

Indigestión.

Y Dios sabe cómo amo la comida tailandesa.

El número era muy grande para digerir. Hubiera preferido una conversación sobre cómo salvar 1.4 millones de almas, un asunto santo, un negocio mucho más importante. Pero ahí me encontraba, sin saber como zafarme de este predicamento. Lo único que pude hacer fue pretender que el curry rojo era el causante de mis lágrimas.

Teníamos poco tiempo para elegir cuál sería el mejor curso de acción, así que confié en mi líder para que tomara ese tipo de decisión, que sólo los *grandes* líderes saben tomar. Y Duncan así lo hizo, lleno de fe y con una sonrisa en sus labios.

Como te podrás imaginar, por las próximas semanas oré por mi alma. Pero Dios, que es amable con los nerviosos, ya se había adelantado a hablarme aquella mañana antes del almuerzo. Para entonces, ya

estábamos conscientes del aprieto financiero que nos esperaba, pero, a
este punto, sólo teníamos que creerle a Dios por $300.000. El número
ya era bastante grande, así que me encontré en el suelo del templo,
una vez más. Me sentí cubierto e inspirado mientras el momento de la
adoración se convirtió en tiempo para escuchar. Entonces, sentí una
voz en mi corazón que dijo: «Lee Isaías 54».

Luego de una rápida búsqueda en la Biblia, comencé a repetir estas
palabras en voz alta: «Ensancha el espacio de tu carpa, y despliega las
cortinas de morada. ¡No te limites! Alarga tus cuerdas y refuerza tus
estacas. Porque a derecha y a izquierda te extenderás; tu descendencia
desalojará naciones, y poblarán ciudades desoladas. No temas, porque
no serás avergonzada. No te turbes, porque no serás humillada».[1]

«¡Buena palabra!—pensé—. ¡La porción perfecta para un vídeo
de recaudo de fondos para el edificio! ¡Gracias Dios por tu dirección!».
Sin embargo, Isaías habló más fuerte que mi sarcasmo, mi miedo o
expectativas erróneas. Se trataba de algo más que un *eslogan* ingenioso
para nuestros esfuerzos. Luego del almuerzo de los 1.4 millones, Dios
me recordó durante la adoración cómo ya se había encargado de
invitarme a creer en Él y a acompañar a Duncan en su fe.

Mientras continuamos la travesía hacia lo desconocido, nuestro
equipo creció en esperanza y expectativa. Nueve días después de haber
tomado la decisión de ir tras el precio completo, nos presionaron a
firmar un contrato y dar $15.000 como muestra de nuestro compromiso.

Comenzamos a compartir nuestra decisión irracional con amigos
y familiares. La duda continuó merodeándonos, pero la labor era tan
extensa que nuestra única opción fue creer en la provisión del Padre y
¡Él así lo hizo!

Un par de semanas más tarde llegó un cheque de 1.2 millones

a nuestras oficinas. El dinero provenía de un donante anónimo que decidió compartir su riqueza con nosotros. La provisión fue extravagante y nuestra reacción igual de ruidosa. Luego, recibimos otro cheque por la cantidad de $100.000, otra donación anónima. De manera que, sólo pudimos dar crédito a Jesús.

Además, la iglesia local añadió otra cantidad generosa y, en menos de tres meses, *Catch The Fire* Raleigh fue, desde casi perder las instalaciones, a comprar el edificio en efectivo y hacer las renovaciones necesarias con el sobrante. Fue entonces cuando, ¡mi indigestión se convirtió en alabanza!

El domingo siguiente, Murray Smith, nuestro director financiero y pastor de familia, compartió un mensaje increíble que incluyó más de treinta gritos de alegría. La comunidad de *Catch The Fire* escuchó la noticia y se sintió más que agradecida. Así que, obviamos nuestro recogido carnal de fondos y nos movimos hacia una celebración llena del Espíritu.

Toda esta aventura inició en el corazón de nuestros líderes, Duncan y Kate Smith. Luego se convirtió en la idea de unos pocos y concluyó en una victoria colectiva. Cada integrante del equipo, empleado y miembro de la congregación depositó una semilla de fe. Todo se basó en una familia unida en diversidad, la reunión de hijos que juntos creyó a Dios por grandes cosas, nada más semejante a los caminos del Reino.

Cambiemos el viejo modelo

El pasado de la Iglesia contemporánea estuvo colmado de grandes hombres y mujeres de Dios que hicieron la mayor parte de su trabajo ministerial de forma independiente. Pastores, evangelistas y misioneros que recorrieron un camino solitario, en el que se esperaba que ejecutaran la labor de diez hombres, con eficacia. Como resultado, tuvimos numerosos desgastes y pocos avivamientos con la capacidad de cambiar el curso de la historia.

Hoy, nos movemos en una temporada y a un ritmo diferente. Llegó la hora de honrar a nuestros padres, rendir nuestras agendas y ganar al mundo en equipo. Este es el tiempo en que los amigos y colegas se someten unos a otros con una sola meta: convertirse en escalones para la grandeza de otros. El éxito de los hombres y mujeres de Dios del presente requiere de un compromiso con la próxima generación, no sólo en palabras, sino en acción.

La frase, «es asombroso lo que puedes lograr si no te importa quién obtiene el crédito», es una cita que se le atribuye, al menos, a tres presidentes norteamericanos. Yo amo esas palabras y como pastor, rodeado de personas ungidas, talentosas y de buen parecer, necesito acordarme de ellas, por lo menos, una vez por semana. Aún así, me atrevería a sugerir la siguiente revisión: «Es impresionante lo que podemos lograr como equipo cuando sólo nos importa darle la gloria a Dios».

Una de las experiencias más hermosas de mi tiempo de ministerio en Raleigh es ser testigo de cómo nuestra familia en *Catch The Fire* expone sus momentos de duda y debilidad mientras ofrece toda la gloria a Jesús por su liderazgo. Somos intencionales a la hora de llamar al Espíritu Santo nuestro pastor general. Trabajamos fuerte, celebramos más fuerte y, de manera continua, nos recordamos nuestra dependencia absoluta de nuestro Padre en los cielos.

Esa actitud de dependencia nos permitió alcanzar, en menos de cinco años, más de lo que a muchas iglesias les ha costado 20. Pero no tomamos el crédito, sólo alardeamos de tener a Cristo y continuamos rindiéndonos a Él. Hacemos nuestro mejor esfuerzo por tomar decisiones juntos. Fallamos, lo intentamos, soportamos y seguimos moviéndonos hacia delante. Estamos lejos de la perfección, pero estamos convencidos de que le agradamos a Él, y mucho.

Mientras nos convertimos en una generación engendrada, comenzamos a comprender que todos somos hijos, hermanos y padres que descansan en los brazos de un gran *Abba*. Permanecemos unidos ante la derrota y estamos comprometidos a construir una cultura de honor que influencie todas la áreas de nuestro ministerio. Esto nos permite soñar juntos por nuestros movimientos e iglesias y celebrar las victorias de los ministerios a nuestro alrededor. Mientras los huérfanos pelean por su lugar, nosotros, los hijos, compartimos el viaje.

De hecho, en Romanos capítulo 12, hay una invitación que encuentro extremadamente tentadora: «Ámense los unos a los otros con amor fraternal, respetándose y honrándose mutuamente».2

Si tuviera que existir competencia dentro del cuerpo de Cristo, debería ser en el área del honor. Si alguna vez nos sentimos inclinados a competir en el ministerio, que sea para ser el último o para ser el más que sirva. Seamos intencionales al hacer espacio para que otros sean reconocidos. Dejemos que otros sepan lo bien que lo hicieron. Escribamos el correo que dice: «¡Gracias, te amo!». Ganemos en esto, sobrepasémonos unos a otros.

Dios se siente bienvenido en la cultura del honor, es su dialecto, es el lenguaje recurrente de la trinidad y a nosotros se nos permite participar de esta diversión. Tanto así que en el cielo ocurre de esta forma: El Padre declara que toda rodilla se doblará y toda lengua confesará que Jesucristo es el Señor. Entonces Jesús enuncia, «el Padre es más grande que yo»[3]. Y mientras el Espíritu Santo se compromete a recordarnos las cosas que Jesús nos dijo, Cristo responde: «Puedes ofender a papá, puedes ofenderme a mí, pero no hay perdón para aquel que se mete con el Espíritu Santo». El Espíritu Santo escogió ser conocido como el Espíritu de Cristo, el hijo está dispuesto a ser un siervo y el Padre es conocido por honrarlos a ambos.

¿Cómo sería la vida si todos habláramos el lenguaje del honor? ¿Puedes imaginarte una iglesia que vive y comparte así, todos los día? ¿Puedes imaginarte una estructura de líderes que trabaja bajo esta cultura? Esos días *ya* llegaron y comienzan hoy, contigo y conmigo.

El lenguaje del cielo

Durante mi último año en Toronto, me dieron la oportunidad de dirigir una de las reuniones nocturnas del evento *Fresh Wind Youth Conference*. Con más de 5 mil personas frente a mí, tuve una sensación quisquillosa que me decía: «¡Lo logré!»

Al final del evento, organicé el tiempo de ministración. Creamos múltiples líneas para permitir que las personas caminaran a través de los líderes. Cada dos filas forman un corredor que llamamos túnel de fuego, por medio del cual las personas pueden pasar para recibir ministración mediante la imposición de manos.

La locura del momento fue gloriosa. Jóvenes radicales impusieron sus manos y oraron unos por los otros. Me encargué de enfocar a la multitud en Jesús y provocarlos a tener expectativa en el Espíritu Santo. Luego de dirigirlos en lo que a mi entender fue la mejor oración que hayan hecho jamás, me bajé de la plataforma y caminé hacia la salida. Cuando me disponía a abandonar el lugar, un estudiante de la Escuela de Ministerio me vio y me invitó a unirme a la línea de oración. Nunca me simpatizó Zack y lo último que quería era pasar la noche pretendiendo que me agradaba. Así que, actué como si no lo hubiera visto. Continué mi camino hacia la puerta, mientras saludaba a la gente y me sentía como un millón de dólares.

Sin embargo, Dios se presentó en la escena y me ofreció diez segundos para decidir si regresaba para honrar a Zack o continuaba mi camino en la senda del orgullo. Luego de sentir una fuerte convicción que lleno mi corazón, tomé un respiro profundo y escuché al Padre invitarme a compartir una palabra profética.

Zack es hijo de padres misioneros en Latinoamérica, es amistoso y siempre está listo para conversar. Yo no tenía ninguna razón para sentir desagrado. Sin embargo, creé en mi mente una serie de excusas estúpidas para deshonrarlo: «Lo intenta demasiado, su español es terrible o necesita más de nuestros valores».

Pero, más allá de mi juicio irracional, Dios tenía una perspectiva diferente sobre Zack. Así que, regrese a donde él y comencé a orar uno a uno. Cuando iba por la tercera oración de mi plegaria, un poco falta de espíritu, comencé a ver a Zack diferente. Vi su valor, sentí su pasión y me conecté con el amor que Dios Padre tenía por él. Entonces comencé a hablar desde la perspectiva de la revelación. Fue como la ola de un tsunami, un desbordar de palabra. Bendición comenzó a llegar a las costas de su corazón y al mío. Luego de un largo rato de compartir los pensamientos de Dios para él, terminamos en el suelo, recibimos del

Espíritu Santo y comenzamos a ser amigos desde ese día en adelante.

La Biblia nos estimula a evitar considerar a las personas desde una perspectiva mundana. Nos incita a verlos a través de los ojos del Creador. Así que ahora, aun cuando tengo razones para que no me agrade alguien, me acerco de forma intencional, sin importar si los veo o no según la carne. Luego, le pregunto a Jesús por sus pensamientos acerca de ellos. ¡Y mira, que sí funciona!

Es sorprendente lo que sucede con las relaciones cuando podemos pasar por alto nuestra percepción y basamos nuestra opinión en la palabra de amor de Dios. Creo, de manera absoluta, en el viejo proverbio que dice: «Si no tienes nada bueno que decir de alguien, entonces no tienes nada que decir y punto». Seamos ese tipo de persona que deja de asumir cosas sobre los demás y hagamos tiempo para escuchar la opinión de aquel que los define.

Manifiesta tu verdadero yo

Jesús dijo: «Ustedes, por el contrario, amen a sus enemigos, háganles bien y denles prestado sin esperar nada a cambio. Así tendrán una gran recompensa y **serán hijos del Altísimo**, porque él es bondadoso con los ingratos y malvados».[5]

Cuando leo este pasaje, siento como si fuera una contradicción al amor incondicional de Dios. Parece devaluar el mensaje de la gracia y las buenas nuevas de adopción. Si para poder ser hijo, tengo que «amar, hacer el bien y dar prestado», a aquellos que considero mis enemigos, entonces Dios impuso una condición para poder ser hijo. ¿Cómo puede ser esto? ¿Acaso no me amó cuando odié, hice el mal y me comporté de manera egoísta?

Luego de un estudio cuidadoso del texto original y repetidas conversaciones con el Espíritu Santo, comencé a entender lo que Jesús dijo. «Tú eres hijo del Altísimo» puesto que «comunicas de forma apropiada tu estatus como hijo de Dios».

Jesús no pretendía que ganáramos nuestra posición como hijos, sino que manifestáramos nuestra condición como hijo legítimo y recibiéramos nuestra recompensa. Cuando mostramos bondad al mal agradecido, compartimos la naturaleza de nuestro padre. Cuando amamos a aquellos que hacen el mal, exponemos el carácter de Cristo. Somos hijos porque Él nos predestinó para la adopción y mostramos que somos hijos cuando amamos a nuestros enemigos, perdonamos a nuestros padres y servimos a nuestro vecino. Esta conducta es la única forma de ser francos sobre nuestro verdadero yo.

La mayoría de las personas a las que llamamos «enemigos», las colocamos dentro de esa categoría por nuestra inhabilidad para verlos a través de los ojos de Dios. Cuando muramos al impulso de «a mi modo o sigue tu camino» descubriremos la manifestación total de nuestra posición como hijos en la Trinidad. Somos los hijos del padre más grandioso, es tiempo de amar, hacer el bien y dar a otros, sin esperar nada a cambio. Este es el proceder del hijo que es número dos, esta es la cruz que debemos cargar.

El ex-diplomático alemán, Johann Von Goethe, aseguró: «Trata a las personas como si fueran lo que deberían ser y las ayudarás a convertirse en lo que son capaces de ser». Creo que esta es la razón por la que la cultura de honor es tan importante para Dios, en especial con nuestros hermanos en la congregación. De hecho, si debemos manifestar el carácter de Dios a aquellos que nos hacen el mal, ¿por qué pensamos que el modelo debe ser diferente en el trato de aquellos que pertenecen a la familia de Dios?

El uso original de la palabra *sumisión* de Efesios 5:21 quiere decir «meterse debajo y empujar hacia arriba». Caminar en el Espíritu es meterse bajo la misión de otro y hacer todo lo posible para que él sea exitoso, con el conocimiento de que existe una recompensa para los que se conducen como hijos.

Ser hijo se trata de seguridad, significado, identidad, paciencia, confianza, fe, lealtad, humildad y permanecer orientado hacia los demás. Aquellos que saben que son alguien en Cristo están dispuestos, como Él, a ser nadie. Estos podrán transferir poder a aquellos que son nadie, para que puedan convertirse en líderes más grandes que ellos.

De hecho, nadie es exitoso a menos que alguien quiera que así lo sea. El verdadero poder se obtiene por asociación, no puede adquirirse de forma independiente. Por ende, el poder de influencia lo obtienen personas que están dispuestas a entrar bajo sumisión.

¿Qué tal si todas las palabras proféticas que recibiste, a través de tu vida, te fueron entregadas para que puedas servir en ellas, en el ministerio de alguien más? ¿Qué tal si tu llamado a las naciones significa que pagarás, entrenarás y enviarás a alguien en tu lugar? ¿Que tal si tu llamado al ministerio se basa en servir para plantar y levantar la iglesia de otro? Estas son sólo una serie de preguntas con las que Dios acostumbra a retarme a mí. En ellas se encierra el secreto detrás de mi autoridad y espero te reten a ti también.

Conoce esto hijo: JEHOVÁ TE LLAMÓ A GRANDEZA. Pero que eso nunca sea tu preocupación. Deja que sea nuestra inquietud como familia, déjalo en manos de Dios. Confía en tu Papito Celestial para que haga espacio para ti y honra a tu Dios Altísimo al hacer espacio en tus planes para otros.

Motivado por amor

Si no hubiéramos experimentado el amor de Dios primero, nuestra «obediencia» sería legalismo, nuestro «amor por los demás» sería tolerancia y nuestra «adoración» sería hipocresía. La Biblia dice que «amamos porque Él nos amó primero».

Es muy difícil encontrar una porción del Nuevo Testamento en donde la invitación a «amar a Dios» no esté acompañada de la instrucción de «amarnos unos a otros». Jesús aumento el alcance de la revelación de «amar al prójimo como a nosotros mismos», cuando nos ordenó amarnos « los unos a los otros, como Él nos ha amado. Nadie tiene amor más grande que el dar la vida por sus amigos».[6]

Sin embargo, para algunos, el matrimonio es la mejor manera de evitar la soledad. Para otros, la cristiandad es sólo la forma de evitar el infierno. Y para unos pocos, la iglesia es la mejor herramienta para sentirse incluido. Pero ninguna de estas instituciones se basa en lo que podemos obtener para nosotros, sino en lo que podemos ofrecer a otros.

Una generación engendrada por padres es una que motiva a sus hermanos, pelea por sus sueños y trabaja en equipo. Los verdaderos padres se preocupan por su legado. Ellos no tienen una fijación por aquello que pueden lograr por sí solos, más bien se enfocan en lo que son capaces de dejar en las manos de la próxima generación. Ellos son la iglesia que funciona bajo el modelo original, donde «todos los creyentes eran de un solo sentir y pensar. Nadie consideraba tuya ninguna de sus posesiones, sino que las compartía».[7] Muchas personas buscan este tipo de comunidad en espera de que ella satisfaga sus necesidades, pero una comunidad saludable hará que el egoísta que vive en nuestro interior tema por su vida. Cuando Jesús nos invitó a ocuparnos de aquellos que no pueden hacer nada para pagarnos, su intención era salvarnos de esa naturaleza egoísta.

Existe un precio a pagar cuando haces espacio para otros en tu vida, pero te garantizo que el gozo de apoyarlos te conectará con Dios de una forma en que muy pocas otras cosas lo pueden hacer. Cuando escoges ser padre te encuentras con el Padre en una forma muy distinta a la que habías experimentado. Mi recompensa se basa en ver como las personas que Dios me ha confiado alcanzan el éxito, adquieren poder e incluso, me superan. Mi más grande gozo son mis hijos. Esta es una verdad en el mundo natural, en el espíritu y aun para Dios.

El recuerdo de las palabras de John Wimber, padre del movimiento de *Vineyard* en Anaheim, California, nos anima a mirar hacia atrás. Él aseguró que si nos movemos hacia delante, pero no hay nadie en nuestras huellas, no somos líderes; estamos sólo caminando. De la misma forma, durante una reunión de líderes, el conferenciante me retó a pensar en aquellos que me influencian y aquellos para los que yo soy influencia. Me pidió que le asignara un nombre y un rostro a la gente en la que debía invertir: hijos, hermanos y padres. El ejercicio me permitió adquirir una perspectiva real sobre mi posición y eficacia como líder.

Te invito a hacer los mismo. Toma un momento para mirar al frente y conocer quién está delante de ti. Asegurarte de que no estas solo caminando. ¿Sabes a quién persigues? ¿Puedes identificar a tus padres espirituales? Mira a tu alrededor. Busca a los amigos y colegas que caminan junto a ti. ¿Estás solo? ¿Tienes hermanos que te acompañan a la batalla? Y luego mira tras de ti. ¿Alguien te sigue? ¿Hay hijos en tus huellas que imiten tu caminar?

Ahora que tienes una idea de donde estás en términos de tu capacidad para ser padre, te dejaré con una palabra profética de uno de los más ricos y exitosos hombres del mundo, el creador de *Microsoft*:

«Mientras miramos hacia el próximo siglo, los líderes serán sólo aquellos que puedan transferir poder a otros».

Bill Gates, ¡gracias por recordarnos!

CAPÍTULO TRECE

ES TU
TURNO

Enciéndete en fuego con pasión y la gente vendrá
desde millas de distancia a verte arder. — JOHN WESLEY

Nunca estuve más en desacuerdo con Dios que aquella noche. Era un miércoles lluvioso y me encontraba dentro de una prisión de máxima seguridad. Se trataba de mi segunda visita al lugar y, teniendo como base mi primera reunión, me sentí confiado en que estaban a punto de ocurrir cosas muy buenas.

Comenzamos a dirigir en un tiempo de adoración al grupo de convictos vestidos de color naranja. Habíamos escogido muy buenas canciones para comenzar la velada, pero la selección resultó contraproducente. Para ellos las letras eran nuevas, así que nadie pudo acompañarnos al cantar.

Luego de la adoración, abrí el sermón con una historia jocosa, pero fallé de nuevo. Nadie pudo relacionarse con la historia, así que no provocó risas. Pude sentir como la tensión se acumulaba en la habitación. El amor que experimenté durante mi primera visita no nos acompañó en esta ocasión. La audiencia era más grande, pero menos sensible. Muy pocos rieron o siguieron los versículos mientras los compartí. Como una brisa de aire frío, el miedo secó mi garganta e hizo mis pensamientos débiles e incoherentes.

Una vez más, así como cuando estuve en aquella escuela frente a 80 ruidosas e indiferentes almas, recordé lo que aprendí de Carol Arnott: «Toma un paso hacia atrás, hacia el abrazo de tu Padre». El problema fue que esta vez no sentí el abrazo, no escuché ningún estímulo de parte del Padre. Fui a través de los pasos, pero me sentí solo y desconectado. Fue entonces que Dios capturó mi atención.

Justo en medio de compartir lo que a mi entender era el pensamiento más irresistible de mi enseñanza, escuché la voz del Padre como un pensamiento fugaz que dijo: «Dile a aquellos que abusaron sexualmente de sus hijas que yo los perdono».

¡Seguro que no lo haré!

Mi boca continuó moviéndose y compartiendo el evangelio, mientras mi mente se fue en modo de disputa. Dios y yo tuvimos un serio conflicto teológico que tenía que discutirse, pero no ahora, no en este lugar.

«Espera un minuto. El diablo está intentando engañarme», llegué a pensar. Así que, comencé a traer mis pensamientos cautivos a la obediencia a Cristo y oré a Dios para lograr enfocarme en la tarea que tenía en frente, salvar al perdido. Pero no funcionó. Lamentable para mí, escuché la afirmación una vez más. Esta vez fue alto y claro. Muchas veces escuché esa voz y de seguro tú también la has escuchado. Se trata de un suspiro en tu interior. Suena como a uno mismo, pero es mucho más amable y sabia de lo que podamos ser. Sí, ¡esa es la voz!

No quedaba duda en mi corazón. Dios me había hablado, pero yo estaba tan aturdido con lo que me dijo, que quise creer que no era Él. En la tercera ocasión, no hubo forma de zafarme, así que decidí desobedecer.

«Padre, no hay manera que yo pueda decir eso. No creo que debas perdonar personas que abusaron sexualmente de sus hijas. Y aún si lo hago ¡nadie responderá! Dios, ¡sabes que podría costarle la vida!» (Los reclusos en Puerto Rico no son amables con aquellos que se encuentran en prisión por abuso sexual a menores).

Hice todo lo que pude para establecer mi punto de manera irresistible. Sin embargo, mi corazón palpitaba con el conocimiento de la gracia de Dios, un regalo mucho más infinito que mi juicio limitado. Y así fue, justo en el segundo en que pensé, «sé que es Dios» mi boca comenzó a pronunciar las palabras que traté de combatir hacía unos minutos. Y dije: «De manera que, si has abusado sexualmente de tu hija quiero que sepas que Dios el Padre te perdona».

Grillos.

Silencio absoluto.

Cero respuestas.

Luego de los 5 segundos más largos de mi vida, lo repetí. Esta vez, de forma milagrosa, estaba convencido de lo que dije. Los guardias, ubicados a ambos extremos de la primera fila, me miraron anonadados. Me viré para ver a los amigos que me acompañaron y ellos tampoco lograban entender lo que ocurría. Todos los ojos se fijaron en mí, con la esperanza de que prosiguiera y me olvidara de lo que había dicho.

De repente, un hombre sentado dos filas a mi derecha se postró poco a poco en sus rodillas y comenzó a decir: «¡María! ¡María! ¡Perdóname!». Yo sólo pude suponer que su hija se llamaba María.

No existen palabras para describir de forma adecuada aquel momento. Se sintió como si la gracia fuera una sustancia tangible, que pudiera respirarse y todos en aquella habitación tomaron un respiro profundo. Dos hombres que estaban sentados a los lados de este padre quebrantado se acercaron y extendieron sus manos en apoyo.

El golpe del momento aún se sentía en el cuarto, pero el miedo se disipaba poco a poco. Seguido, un hombre a mi izquierda se desplomó y comenzó a suplicar por perdón en voz alta. Lágrimas comenzaron a descender por mi rostro. Un mensaje llegó a los corazones de todos los allí presentes. Si Dios es así de bueno —que está dispuesto a perdonar *ese* tipo de pecado— entonces hay esperanza para mí.

Estos hijos, uno tras el otro, de manera espontánea y sin mucha dirección, comenzaron a orar, arrodillarse, levantar las manos y clamar al Padre más misericordioso que existe. Así que crucé la línea invisible que establecieron los guardias para protegerme de mi audiencia y me acerqué al padre de María, quien aún pedía perdón en el suelo. Luego me acerqué a los demás hombres, toqué sus espaldas y sentí la presencia de Dios como nunca antes. Hablé en el micrófono sin argumentos, chistes o revelación ingeniosa. Sólo repetí: «Él te ama, Él te perdona»

Luego de caminar un rato con el equipo y ministrar de forma individual a nuestros nuevos amigos, los dirigimos en oración. Repitieron una oración de perdón hacia sus padres, por el abuso que soportaron en sus hogares. También, los dirigimos en oración de perdón hacia ellos mismos, por todas las malas decisiones que los llevaron a prisión. Y terminamos la noche con un abrazo del Padre, por medio del

Espíritu de Adopción. El mismo abrazo que Carol Arnott ha recibido, una y otra vez, cada vez que da un paso hacía atrás. El mismo abrazo que recibí aun cuando estuve en desacuerdo con Dios. El mismo abrazo que recibió el hijo pródigo cuando regresó a casa de su padre. Y el mismo abrazo que Dios el Padre quiere darte hoy, en este momento.

Ahora estoy de acuerdo, de todo corazón, con un hecho fundamental de las Escrituras; ¡Dios es un buen padre! No sólo es un buen padre para mí, sino para todos sus niños quebrantados y heridos; todos los que necesitamos de ese gran padre. No podemos dar un nombre más alto a Dios, ciertamente Él es el Padre.

Existe una alta probabilidad de que hayas hecho cosas en la vida que te hicieron sentir descalificado para recibir el amor de Dios. Todos pecamos y nos quedamos cortos. Pero Jesús pagó el precio por tus faltas y aun por las cosas en las que fallarás mañana. Puedes terminar este libro, seguir tu camino y nunca más pensar en un padre, pero Él te seguirá amando de forma perfecta y consistente.

La demanda de amor que el cielo exige es simple. Recibirás un regalo, un beneficio por el cual ya se pagó. Pero, para caminar en estatus de hijo delante de Dios, requerirá que conozcas al Padre que Jesús ofreció. A diferencia de los otros padres en tu vida, que te abandonaron o rechazaron, la paternidad de Dios se basa en una aceptación continua y una gracia extravagante. Dios ha sido padre por la eternidad, deja que lo sea para ti también, cada día.

Amor manifiesto

> Y nosotros hemos llegado a saber y creer que Dios
> nos ama. Dios es amor. El que permanece en amor,
> permanece en Dios, y Dios en él. Ese amor se
> manifiesta plenamente entre nosotros para que en el
> día del juicio comparezcamos con toda confianza,
> porque **en este mundo hemos vivido como vivió
> Jesús**. En el amor no hay temor, sino que el amor
> perfecto echa fuera el temor. El que teme espera el
> castigo, así que no ha sido perfeccionado en el amor.
> Nosotros amamos a Dios porque él nos amó primero.[1]

Imagina que la próxima vez que pases el fin de semana en tu hogar tu
familia experimente el amor de Dios con cada palabra que pronuncies.
Luego, decides visitar a un amigo en el hospital y en la cercanía de tu
sombra se sana. El lunes, tan pronto entras en tu oficina, tu compañero
de trabajo te comparte la historia sobre su espantoso fin de semana,
comienza a llorar y te conviertes en su descanso en el Padre. Poco
después tienes una reunión con un cliente que luce deprimido, le ofreces
una palabra de motivación y decide no suicidarse. Tu día termina con
un encuentro sobrenatural con Dios, en el que logras ver, a través del
espíritu, todas las cosas que Él hará mañana por medio de ti.

Si tú no, ¿quién? Si no aquí, ¿dónde? Si no ahora, ¿cuándo?

La vida es más que aquello de lo que estamos conscientes. Existe
una relación de hijo por descubrir y si estás dispuesto a rendir la trinidad
del *mí, yo* y el *yo mismo*, para sustituirla por la realidad del Padre, Hijo

y Espíritu Santo, vivirás la vida para la cual fuiste destinado.

Es posible que lo sobrenatural se convierta en rutina, que lo inesperado se convierta en la norma. Las historias de los Evangelios no fueron escritas sólo para que estuviéramos impresionados con Jesús. Se supone que estos pasajes bíblicos sean una espejo de nuestra vida diaria. Pues, **en este mundo hemos vivido como vivió Jesús**. Cada milagro que Él hizo está disponible para nosotros y por nosotros. Para nosotros, como el necesitado de sanidad y por nosotros cuando alguien más necesite de esa sanidad.

Jesús compartió su expectativa santa cuando dijo: «Mi padre es glorificado cuando ustedes dan mucho fruto y muestran así que son mis discípulos».[2] Y mucho fruto, en el griego original, significa: ¡mucho fruto!

Sin embargo, la ventaja de nosotros, los que creemos, es que las expectativas de nuestro Padre no constituyen una carga pesada. «Porque somos hechura de Dios, creados en Cristo Jesús para buenas obras, las cuales Dios dispuso de antemano *a fin de que las pongamos en práctica*».[3]

Dios, como padre perfecto, nos ama pese a nuestras fallas, pero sus expectativas de grandeza para nosotros se basan en los frutos de Jesús. Y esta fue la vida de Cristo, ungido para predicar las buenas nuevas a los pobres, proclamar libertad a los prisioneros, devolver la vista a los ciegos, rescatar al oprimido y proclamar el año de la buena voluntad de Jehová.

¿Quiénes son los ungidos, ahora?

Heidi Baker, misionera y cofundadora del ministerio Iris Global, nos ha enseñado que nuestro trabajo no es complicado. «Amar a Dios y al que que está frente a ti», es todo lo que se requiere para llevar fruto.

La promesa continua

«No oro sólo por estos, sino por todo aquel que creerá en mi por medio de sus palabras».[4] Esta oración, que podemos encontrar en el Evangelio de Juan, Jesús la hizo en voz alta. A través de ella podemos presenciar un momento de conexión íntimo entre el Padre y el Hijo. ¡Y su enfoque principal somos nosotros!

Este capítulo de los Evangelios narra los eventos que transcurrieron justo antes de la crucifixión de Cristo. Los discípulos amados compartieron este instante de oración profunda, mientras Jesús se disponía a enfrentar la muerte más dolorosa de la historia. Jesús no compartió una parábola, no utilizó secretos o un lenguaje extraño. La oración fue profunda, pero simple. El Hijo oró por conexión.

El deseo de Jesús es que nosotros recibamos el mismo lazo de amor que Él experimentó con su Padre desde antes de la fundación del mundo. Él oró en voz alta para que fuéramos uno con Él y nosotros, uno con el otro. Esta oración sacerdotal es una invitación a un nuevo pacto de unión en relación, gloria manifiesta y amor experimental.

El joven carpintero se disponía a abandonar el mundo de la forma más horrible. Sus discípulos lo negarían, su gente le rechazaría, sus enemigos los torturarían y experimentaría, por primera y única vez, una separación de su Padre. Aún así, Jesús encontró motivación en el amor y su fuente de amor, que es el «Padre de Justicia». Jesús vino a mostrarnos al Padre y este fue su último mensaje, así como explicó cuando oró: «Padre justo, aunque el mundo no te conoce, yo sí te conozco, y estos reconocen que tú me enviaste. Yo les he dado ha conocer quién eres, y seguiré haciéndolo, para que el amor con que me has amado esté en ellos, y yo mismo esté en ellos».[5]

Esta es la promesa más emocionante que Jesús dejó a nuestra generación. En su oración más épica, en el momento más vulnerable de su travesía, Cristo nos dio garantía de que continuará mostrándonos quién es su Padre. En ese instante, Jesús te amó más de lo que nadie te ha amado en tu vida y te hizo una promesa que no tiene fecha de vencimiento.

Cristo hizo un trabajo fenomenal para mostrarnos quién era el Padre. Si lo hemos visto a Él, vimos también al Padre. Cuando el perdonó al pecador, vimos al Padre. Cuando Él alimentó a las multitudes, vimos al Padre. Cuando Él sanó al enfermo y levantó a los muertos, vimos al Padre. Y, así como lo prometió, Él no se detendrá, sino que continuará haciéndonos conocer al Padre.

Jesús es la expresión en carne del Padre. Ellos son uno por la eternidad y cuando Él se convirtió en uno con nuestros pecados, garantizó que nosotros también pudiéramos ser uno con el Padre. Tenemos el privilegio de conocer y experimentar a Dios el Padre, en la misma medida en que Jesús los hizo. Esta promesa es para ti y tu familia, en cada situación, siempre que la necesites.

Un solo cuerpo

«¿Por favor, puedo hablar con Carlos?», preguntó Mike Malavet, mientras aclaraba su garganta al otro lado del teléfono. Se trataba de mi primer padre espiritual, una sorpresa inesperada. Así que me tomó 5 segundos salir del estado de *shock* y contestar. «¡Soy yo! Mike, ¿cómo estás?»

Tras doce años de distancia recibí una de las llamadas más

remunerativas de mi vida. El hombre que me habló por teléfono, fue el mismo que me discipuló cuando aún era un bebé en Cristo. Mike dirigió el ministerio de jóvenes que me expuso a las obras del Espíritu Santo. Su esposa y él fueron los primeros en profetizarme que un día me convertiría en pastor. En el transcurso de doce años, sólo hablamos en dos ocasiones. Sin embargo, el martes menos pensado, en la oficina de la iglesia, contesté el teléfono, el mismo que sólo he levantado en unas cuatro ocasiones desde que trabajo en *Catch The Fire*, Raleigh.

«El Espíritu Santo me habló esta mañana —aseguró Mike—. Debes llamar a Carlos para pedir perdón». Lágrimas comenzaban a correr por mi rostro, mientras Mike y su esposa Cecy me contaron cuánto extrañaban mi amistad y nuestra conexión. Mientras contenía mis lágrimas y los escuchaba, me percaté de que era yo quien había lacerado los lazos saludables que compartíamos. En mi fervor de servir a Dios y progresar, los traté como si fueran parte del pasado. Tomé decisiones sin considerarlos. Me moví adelante sin prestar importancia a la comunidad. Corrí mientras todo a mis espaldas se quemaba.

Cuando regresé a Toronto anhelé encontrarme con mi familia y la comunidad, pero muchas cosas habían cambiado. La gente cambió. Yo cambié. Nos vimos varias veces, pero las presunciones equivocadas y las raíces de amargura no les permitieron a nuestros corazones continuar. Yo cerré mi interior a la relación y ellos hicieron lo mismo, pero Dios no lo hizo. Él nunca lo hace.

Luego de 20 minutos de conversación nos despedimos. Colgué el teléfono y sentí el abrazo de la reconciliación. Estas personas son mi familia, pero yo los traté como a un producto. Sin embargo, 12 años más tarde, ellos todavía tenían fuerzas para enseñarme una lección más: perdona, sigue al Espíritu y nunca deseches a nadie.

La iglesia es una casa llena de gente, nunca la trates como un cesto de basura. En la reunión de los santos quebrantados experimentamos la verdadera comunidad. En el corazón de Dios hay esperanza para ver unidad en el cuerpo de Cristo. La unidad que poseemos en el Hijo y el Padre también se manifiesta en la familia de la iglesia.

Puedes soñar sobre restauración y abrir tu corazón a experimentar el amor de Dios cuando te reconectas con aquellos que cerraron sus puertas. Si seguir a Dios fuera una empresa privada para tu progreso espiritual, la reunión de la congregación sería opcional. ¡Pero no todo se trata de ti! Este viaje como hijo requiere una expresión externa de legitimidad. Y en el cuerpo de Cristo encontramos la mayor expresión de Su amor.

Tu estatus permanente

Cuando termines de leer este libro, Jesús continuará orando. Aun si no somos agradecidos, Él nos sirve con su intercesión de manera continua. En este preciso momento, su lugar y labor es estar a la diestra del Padre en intercesión por nosotros. Él es nuestro abogado y está orando bendición espiritual sobre nosotros.

Sin embargo, la bondad no termina ahí y nuestra relación tampoco terminará el día de nuestra muerte. Él prometió: «Al que salga vencedor le daré el derecho de sentarse conmigo en mi trono, como también yo vencí y me senté con mi Padre en su trono».[7]

Siempre supuse que la «diestra del Padre» era un trono más pequeño a su lado derecho, pero este pasaje ofrece una explicación visual, mucho más precisa. La mano derecha alcanza tan lejos como el brazo pueda extenderla y cuando nos sentamos, por lo general, la mano puede extenderse hasta la rodilla.

Podemos sentarnos en el trono del Hijo, así como Jesús se sentó en el trono de su Padre. El «problema» es que el trono de Cristo ya está sobre el trono del Padre. A menos que la claustrofobia nos siga al cielo, el trono de Jesús va a estar felizmente abarrotado cuando nos sentemos en Él, quien a su vez, está sentado sobre el Padre.

La rodilla derecha de Dios es nuestra casa. Lo es hoy y los será por siempre. Está disponible como refugio en tiempos de necesidad, pero también es un lugar de aceptación por la eternidad. Nunca dejarás de pertenecer a ella.

Hijos, padres, hijas y madres que cambian el mundo

Estamos aquí. Vivimos como testigos del Salvador, en un mundo que necesita salvación. Podemos manejar nuestra labor a través de una de dos mentalidades: Oramos como hijos y preguntamos, «Papá, ¿cuál es el plan?», o como siervos y decimos, «Úsame, Dios». Sin embargo, la palabra utilízame implica manipulación, control o recibir una asignación forzosa. Es como cuando el maestro de una marioneta la hace hablar o mover por medio de cables. A estas alturas ya debes saber que Dios no es un maestro controlador, sino un padre amoroso. Él quiere que trabajes a su lado, no para Él. Su plan es que logres cambiar el mundo, no que te escondas de él. Su intención es que seas la cabeza, no la cola; la sal que da sabor y evita que el mundo se eche a perder; la luz sobre el monte que revela la bondad y majestad de Dios.

Quizá te preguntas, «¿cuál es la voluntad de Dios para mi vida?» Y su voluntad es amarte. Tu respuesta será amarle y como resultado, amarás a otros. Así como hizo con Jesús, la voluntad del Padre te dirigirá, no a base de tus cualidades, sino según su amor y tu condición de hijo. Pues, «tampoco Cristo se glorificó a sí mismo haciéndose sumo sacerdote, sino que Dios le dijo: "Tú eres mi hijo; hoy mismo te he engendrado"».[8]

Ahora mismo, hay maestros y evangelistas; millonarios y misioneros; ejecutivos y líderes jóvenes; miembros de juntas y conserjes; doctores y madres; huérfanos e hijos que al terminar este libro se preguntarán, «¿qué sigue?»

Es tiempo de que comiences a escribir *tu* libro. ¡Obtén *tu* 1.4 millones, comienza un avivamiento en *tu* escuela, predica sobre el perdón en la prisiones de *tu* localidad, sé parte del equipo que ganará el mundo para Jesús y mucho más. El Padre pródigo no te aceptó para modificar tu comportamiento, sino para revelar tu identidad como rey, amigo, amante, siervo, novia e hijo. Comienza a manifestar esa declaraciones de valor. Estás autorizado a compartir tu historia, equipado para amar a tus enemigos y listo para ver renovación en tu nación. Puedes parar el tráfico sexual, alimentar a los pobres o adoptar bebés que necesiten un hogar. Tu labor es alcanzar los inalcanzables de este mundo y dar tu vida para ver «venir su reino, así como es en el cielo».

Como el príncipe de los predicadores, Charles Spurgeon diría: «Dar es el verdadero tener».

Te impulso a moverte adelante en el llamado que Dios te dio como hijo. Este es el negocio de tu Padre y tú eres su elección. Jesús te dio poder para ser un agente de cambio, un ministro de reconciliación y iniciador de fuegos para tu comunidad.

John Arnott nunca podrá predicar tus sermones. Bill Johnson no podrá sanar a tu compañeros de trabajo. Billy Graham no estará disponible para salvar a tu familia. Te toca a ti. No porque tienes que hacerlo, sino porque es tu oportunidad. Esta es la herencia que te tocó disfrutar.

La elección es simple. Recibe la verdad de que Dios te ama y cree en ti, o no la aceptes, pero es tiempo de decidir. No hay más páginas que pasar, ni palabras que leer. Sólo te dejo con estas palabras del Hijo: «Ciertamente les aseguro que el que cree en mí las obras que yo hago también él las hará, y aun las hará mayores, porque yo vuelvo el Padre. Cualquier cosa que ustedes pidan en mi nombre, yo la haré; así será glorificado el Padre en el Hijo. Lo que pidan en mi nombre, yo lo haré».[9]

Estás diseñado para heredar. Ahora, ve y cambia el mundo.

NOTAS

INTRODUCCIÓN

1. Gálatas 3:26-28 9

CAPÍTULO UNO

1. Lucas 15:20 (paréntesis y énfasis añadido)

2. Génesis 41:42

3. Efesios 1:4-5

4. Hechos 17:28

5. Juan 5:19 (parafraseado por el autor)

6. Mateo 13:55

CAPÍTULO DOS

1. Génesis 11:4

2. Marcos1:11

3. *La firma de Jesús,* Brennan Manning (p 166-7). Sisters 1996

4. Hebreos 2:17

5. *Js. Jesús de Nazaret: Del Bautismo en el Jordán a la Transfiguración,* Papa Benedicto XVI (p26). Ignatius Press 2008

6. Romanos 8:29

7. 1 Corintios 6:17

8. Marcos 14: 35-36

9. *The Obedient Master,* Timothy Keller. Dutton Adult 2013

10. Romanos 6: 5-8

CAPÍTULO TRES

1. Autor de *The Garbage Generation* y *The Case for Father Customer*

2. *Fathers and Sons*, Frank Pittman. *Publicado en Psychology Today*, Septiembre 1993. www.psychologytoday.com/articles/200910/fathers-and-sons (Descargado el 6 de Marzo de 2014)

3. *Catch The Fire ILSOM Teaching Notes* (Capítulo 7, *The Loving Father* - Parte 2). Revisado en Marzo de 2012.

4. Mateo 7:11

5. Salmos 27:10

6. Isaías 66:13

7. Génesis 25:28

8. Génesis 32:24 (parafraseado por el autor)

9. Génesis 32:27-28

10. Gordon Dalbey. www.abbafather.com/articles/article_hfw.pdf (Descargado el 6 Marzo de 2014)

11. Juan 14:18

12. Juan 14:21

13. Lucas 2:10

CAPÍTULO CUATRO

1. *Sons and Daughters: Spiritual Orphans Finding our Way Home*, Brady Boyd. Zondervan 2012.

2. *Anguish of the Abandoned Child*, Charles A. Nelson III, Nathan A. Fox and Charles H. Zeanah, Jr. Published in *Scientific American*, April 2013. www.adoptionpolicy.org/sad0413Nels3pRV.pdf (Descargado el 6 Marzo de 2014)

3. 2 Corintios 6:18

4. 1 Corintios 2:9-10

5. Juan 14:6

6. Romanos 8:15-17

7. Romanos 5:5

CAPÍTULO CINCO

1. Isaías 14:13 (parafraseado por el autor)

2. Juan 8:44-47

3. Romanos 6:16

4. Santiago 4:7

5. Romanos 12:2

6. Efesios 2:4-6

CAPÍTULO SEIS

1. Juan 6:38-40

2. 1 Juan 1:8-9

3. Juan 6:54

4. Juan 17: 17-21

5. Juan 15:3

6. 1 Juan 2:1-2

7. Santiago 5:16

8. Juan 1:7

9. Gálatas 5:22

10. Judas 1:24

11. Apocalipsis 17:14

CAPÍTULO SIETE

1. Josué 1:1-2

2. Hechos 3:26

3. Lucas 22:27

4. Hebreos 12:6-10

5. Marcos 10:44-45

6. Marcos 10:45

7. Filipenses 2:3-8

CAPÍTULO OCHO

1. 1 Samuel 17:55-58

2. Salmos 89:26

3. Salmos 103:13

4. Lucas 1:32

5. Salmos 68

6. I Samuel 22:3-4

7. 1 Samuel 26:25

CAPÍTULO NUEVE

1. *Hosting the Presence*, Bill Johnson. Destiny Image 2012

2. Lucas 2:49

3. Lucas 2:51

4. Lucas 2:52

5. Éxodo 20:12

6. Mateo 13:55

7. Hechos 1:14

8. Éxodo 20:6

9. Mateo 6:14-15

CAPÍTULO DIEZ

1. Romanos 8:19

2. Lucas 6:31

CAPÍTULO ONCE

1. 1 Corintios 4:14-15

2. Filipenses 2:20

3. *Father Hunger: Why God Calls Men to Love and Lead Their Families*, Douglas Wilson. Thomas Nelson 2012

4. *Building a Discipling Culture*, Mike Breen & Steve Coclram. Zondervan 2009 (2nd Edition)

5. *HELPS Word Studies*. Helps Ministries Inc 1987

6. Mateo 11:25

CAPÍTULO DOCE

1. Isaías 54:2-3

2. Romanos 12:10

3. Juan 14:28

4. 2 Corintios 5:16

5. Lucas 6:35

6. Juan 15:12

7. Hechos 4:32

CAPÍTULO TRECE

1. 1 Juan 4:16-19

2. Juan 15:8

3. Efesios 2:10 (énfasis añadido)

4. Juan 17:20

5. Juan 17:25-26

6. Romanos 8:34

7. Apocalipsis 3:21

8. Hebreos 5:5

9. Juan 14:12-1

¡GRACIAS!

Que Dios rompa mi corazón de manera que
todo el mundo caiga en él. — MADRE TERESA

Todos los ingresos financieros de este libro se utilizarán para nuestra historia personal de adopción. Hace ya algún tiempo que, Catherine y yo hemos creído a Dios por una niña de Etiopía en adopción, y tú nos estás ayudando a hacer ese sueño realidad al comprar este libro. ¡Gracias!

Para más información visita: www.herinheritance.com

Una vez el proceso de adopción se complete, continuaremos donando 50% de la ganancias a Catch The Fire Raleigh Missions para el trabajo misionero en la República del Níger. Nuestro deseo es ver toda esta región del mundo transformada por el amor de Dios y estamos hambrientos por alcanzar los quebrantados y pobres en el oeste de África.

Sin embargo, gracias a Dios que en Cristo siempre nos lleva
triunfantes y, por medio de nosotros, esparce por todas partes la
fragancia de su conocimiento. Porque para Dios nosotros somos el
aroma de Cristo entre los que se salvan y entre los que se pierden.
— 2 *CORINTIOS 2:14-15*

RECONOCIMIENTOS

No son las personas felices las que son agradecidas;
son las personas agradecidas las que son felices.

Tantas personas han tenido un impacto en mi vida que resulta injusto señalar sólo a unos pocos. Sin embargo, es preciso hacerlo.

A mi amigo y editor Abdel Valenzuela, es impresionante lo excelente que eres en todo lo que haces y como pones esos talentos a disposición de las personas que amas. ¡Te debo, y mucho!

A mi querida madre Vilma por enseñarme a sonreír, confiar en Dios y cocinar arroz con habichuelas (frijoles). A mis hermanas Beli, Laly, Vane, Kaita y Krystal, y a todas mis sobrinas y sobrinos en Puerto Rico. Gracias por apoyarme en la distancia; los extraño cada día.

A mis padres británicos que me ayudaron en el proceso de revisión, cuidado de mis hijos y siempre me han tratado como a uno de sus hijos favoritos. Chicos, los amo.

Al equipo de Catch The Fire Books: Jonathan Puddle, Benjamin Jackson, Jon Long, Marcott Bernarde, Rachel McDonagh y Jo Dunbar…¡Muchas gracias!

También, quiero extender un tributo a nuestro equipo de trabajo y empleados de *Catch The Fire*, Raleigh. ¡Es un privilegio increíble poder ser parte de la misión de Jesús, al lado de mis personas preferidas de todos los tiempos!

Mamá Kate, gracias por creer en mi familia y en mis talentos (eres verdaderamente impresionante). Murray y Ash Smith por ser unos siervos increíbles y amigos siempre dispuestos. Adam y Anna Walton por manifestar su estatus de hijo hacia nosotros de forma diaria y hermosa. Ashlee Brewer por perseverar en la jornada junto a mí y amar a mi familia en cada paso del camino. Mark y Sara Tillman por ir tras de su disco y ayudarme a creer. Amber Brooks por compartir tu vida, tu música y tu vino con nosotros. A Caleb Durham, por ayudarme con mis ideas, diseño y animarme. A Yuki Tanaka y Lianne Batty por ayudarme con mi vida y mis agendas, y siempre hacerlo con un corazón dispuesto. A los pastores, empleados y practicantes que sirven en nuestra iglesia de la comunidad, les agradezco por darme el espacio para escribir este libro. Y a Sven, Eli y Noé, los amo.

Un agradecimiento especial a Titi Kristen, el mejor ejemplo del corazón de Jesús para mi familia. A Poty, Lisa, Nico y Valito, los amamos exageradamente. Y a Sonalí Irizarry por su excelente trabajo.

Y aún más importante, quiero agradecer a mi preciosas esposa, Catherine Rachel. No tengo en poco el privilegio que es poder estar contigo todos los días. Estoy tan agradecido de tu hermosura, tu compasión y tu crecimiento. No hay forma de que todo esto pueda haber sucedido si no es por tu amor, oración y apoyo. Tú eres mi inspiración, mi héroe y mi niña querida. Gracias mi reina, te amo más que nunca.

Y quiero concluir con la celebración de la vida de mis niños, Carlos Alejandro y Carlos Sebastián. Amarlos a ambos es lo que prefiero hacer en la vida. Estoy tan orgulloso de ser su padre. Son mis mejores amigos en todo el mundo. Estoy ansioso por leer sus libros, escuchar sus discos, conocer a sus futuras familias y un día servir bajo su liderato. Estoy muy emocionado por el futuro, pero por favor tómenlo suave, porque disfruto amarlos a ambos en casa. Convertirme en su padre hizo este libro una realidad, los amo mis campeones.

ACERCA DEL AUTOR

Carlos A. Rodriguez ha enseñado sobre Dios el Padre por mas de 12 años. Nació y creció en Puerto Rico, pero fue transformado y capacitado en el avivamiento de Toronto.

Él y su esposa, Catherine, sirven como pastores generales en la iglesia Catch the Fire Raleigh y, aún más importante, son padres de Alejandro y Sebastián.

Actualmente, viven en Carolina del Norte y viajan a las naciones para compartir el fuego del Espíritu Santo y el mensaje sobre nuestra condición, como hijos de Dios.

 carlosctfr.tumblr.com

 herinheritance.com

 @CarlosCTFR

 facebook.com/carlosalbertorodriguez

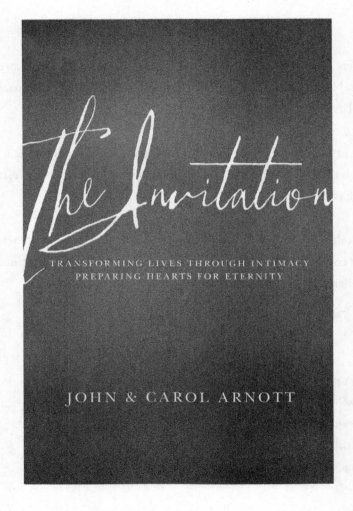

THE POWER OF THANKSGIVING

FRED & SHARON WRIGHT

CONSUMED BY LOVE

DUNCAN SMITH

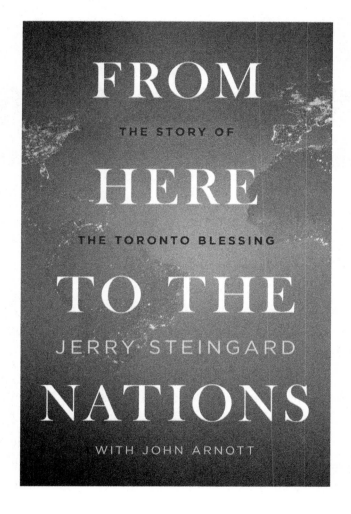

FROM

THE STORY OF

HERE

THE TORONTO BLESSING

TO THE

JERRY STEINGARD

NATIONS

WITH JOHN ARNOTT

FROM HERE TO THE NATIONS
JERRY STEINGARD

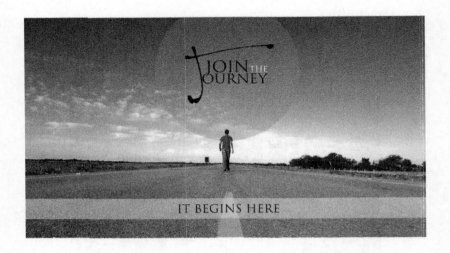

JOIN THE JOURNEY

IT BEGINS HERE

La Escuela de Avivamiento es un programa emocionante que entrena líderes y fundadores de iglesias llenos del amor del Padre celestial. Nuestra escuela no es un internado y no tiene límites de edad.

Si tienes 18 años de edad o más y tu pasión es ser transformado y ver las naciones transformadas por el poder de Dios, únete a nuestra aventura de dos años en Raleigh, Carolina del Norte.

Los estudiantes internacionales que deseen asistir a la Escuela de Avivamiento deben aplicar para obtener una visa de estudiante F-1 con los Servicios de Inmigración y Ciudadanía de los Estados Unidos. La Escuela de Avivamiento está autorizada por el gobierno de los Estados Unidos para aceptar estudiantes internacionales y le ha sido otorgada la categoría de Institución Académica con Visa F-1.

www.schoolofrevival.com

CPSIA information can be obtained
at www.ICGtesting.com
Printed in the USA
LVOW03s2003210917
549612LV00001B/5/P